novum pro

AF003369

Birgit und Matteo Scheele

BÖSE ALTE MUTTER
Wie die Demenz Familien zerstört

Eine wahre Geschichte

www.novumverlag.com

Bibliografische Information
der Deutschen Nationalbibliothek:

Die Deutsche Nationalbibliothek
verzeichnet diese Publikation in
der Deutschen Nationalbibliografie.
Detaillierte bibliografische Daten
sind im Internet über
http://www.d-nb.de abrufbar.

Alle Rechte der Verbreitung,
auch durch Film, Funk und Fernsehen,
fotomechanische Wiedergabe,
Tonträger, elektronische Datenträger
und auszugsweisen Nachdruck,
sind vorbehalten.

© 2014 novum publishing gmbh

ISBN 978-3-99038-328-5
Lektorat: Christine Schranz
Umschlaggestaltung, Layout & Satz:
novum publishing gmbh

Gedruckt in der Europäischen Union
auf umweltfreundlichem, chlor- und
säurefrei gebleichtem Papier.

www.novumverlag.com

INHALTSVERZEICHNIS

Vorwort:
Die Last des Altwerdens wird alltäglich –
für die Nachkommen 9
Die Darsteller des Dramas, das das Leben schrieb 11
Katastrophen passieren immer sonntags:
Warten, ob der Arzt kommt 12
Notarzt in Not:
Kommt Hilfe oder nicht? 15
Vom Notfall-Patienten zum Pflegefall:
Das vorläufige Ende einer Lebensgefahr 17
Der Drachen am Bett:
Fauchen fern jeder Vernunft 20
Sachschaden und Dachschaden:
Unfall mit Fahrerflucht 23
Auf dem Wege der Besserung:
Verwirrt bleibt verwirrt 26
Von wegen Betreuung:
Ein Brief fordert Besserung 28
Eigengefährdung und Fremdgefährdung:
Wer bewahrt die Mutter vor sich selbst,
wer den Vater vor seiner Frau? 32
Rastloses Bemühen:
Wege ins Leere 35
Der Patient ist austherapiert:
Ab in die Kurzzeitpflege 37
Private Vorsorgevollmacht:
Die Medaille hat eine Kehrseite 41
Der alte Mann zwischen den Stühlen:
Wenn ein Amt sein Wort nicht hält 43
Gute Gespräche mit einem alten Mann:
Erinnerungen an Kindheit und Jugend 45

Hals über Kopf nach Hause geholt:
Die Mutter setzt sich durch 47
Neuer Handlungsbedarf:
Der Pflegefall in neuer Gefahr? 50
Der alte Mann wird abgeschottet:
Lasst keine guten Menschen um ihn sein 53
Unverhofft kommt oft:
Die „Polin" ist da 54
Geheime Kommandosache:
Keine darf hinter die Kulissen schauen 57
Wenn alle Hoffnung schwindet:
Jede Hilfe wird verweigert 60
Die Dinge nehmen ihren Lauf:
„Die Polin" hat die Nase voll 62
Ohnmacht statt Vollmacht:
Böse Eltern tun nichts Gutes 66
Aus dem Bett die Treppe hoch:
Besuch mit Hindernissen 70
Das Ende einer Vollmacht:
Der Tag der Befreiung 72
Ausweg aus dem Chaos:
Wechsel in die Metaposition 78
Alt und verwirrt werden:
Die Generation 50+ kommt in große Not 82
Zwei Greise auf großer Fahrt:
400 Kilometer mit verwirrtem Geist 84
Die Schwester verwirklicht sich:
„Denver" und „Dallas" war nichts dagegen 87
„Die Polin" ist weg:
Wie geht es nun bei den wirren Eltern zu? 91
Geldgier, Neid und Haß:
Wenn Demenz den wahren Charakter outet 95
Einsichten und Aussichten:
Die Katastrophen werden kein Ende nehmen 106
Selbstzweifel:
War es richtig, sich von den bösen Eltern zu distanzieren? ... 110

Böse ohne Ende:
Das Leben geht weiter 113
Zaun-Königin aus Verwirrtheit:
Das Ende einer offenen Grenze 119
Angst und Aggression:
Zwei alte Menschen als Gefangene ihrer selbst 123
Die böse Mutter giftet weiter:
Aggressionen über den Zaun hinweg 126

VORWORT:
Die Last des Altwerdens wird alltäglich – für die Nachkommen

Wie man liebevoll mit alten Eltern umgeht, auch mit geistig mehr und mehr verwirrten, das wissen unzählige wohlmeinende Ratgeber. Bücher und Zeitschriften sind voll mit guten Tips, und 2,4 Millionen Pflegebedürftige in Deutschland und damit ein Vielfaches an Betroffenen sind ein guter Markt. Zumal die große Mehrheit der gepflegten Alten zu Hause von ihren fachlich kaum dazu befähigten Angehörigen betreut wird. Wie aber gehen alte und zunehmend geistig verwirrte Eltern oft mit ihren erwachsenen Kindern um?

Besserwisserei, Boshaftigkeit, Gemeinheiten, Mißgunst, Neid und Haß der ältesten Generation erfassen viele Familien. Erwachsene Kinder und deren Kinder, die Enkel der eklig werdenden Opas und Omas, leiden Tag für Tag und wissen nicht, was sie tun oder lassen sollen: zum Wohl der Alten und zum Selbstschutz. Sie haben es nicht gelernt und nicht üben können, den Alten, aber auch sich selbst in dieser Streßsituation gerecht zu werden.

Wer hilft also den Kindern im Alter 50+, wenn sie unter ihren Eltern leiden und zu verzweifeln drohen? Wie gehen Enkel mit böse gewordenen Großeltern um? Welche Möglichkeiten haben erwachsene Menschen, sich gegen Arroganz und Aggression ihrer Erzeuger zur Wehr zu setzen? Wie schützen sie sich und ihre Kinder davor, an maßlosen Ansprüchen und Anmaßungen der Alten seelisch und auch materiell zugrunde zu gehen? Wie helfen sich Geschwister mit gutem Charakter gegen solche Brüder und Schwestern, die sich, auch des späteren Erbes wegen, mit bösen Eltern verbünden?

Wie wirken notarielle Betreuungsvollmachten und Patientenverfügungen in der Praxis? Welche Unterstützung bekommen

Bevollmächtigte von Ärzten und sozialen Diensten, wenn das Treiben der Eltern und Großeltern unerträglich, unvernünftig oder gar ungeheuerlich, und womöglich noch von raffinierten und raffsüchtigen Geschwistern ausgenutzt wird?

Dieses Buch dokumentiert in faktentreuer Chronologie den ethischen und geistigen Verfall eines alten Ehepaares, das mit zunehmender Aggression und Demenz die Liebe zu sich selbst und zu allen Menschen um sich herum verloren hat. Wir, Tochter und Schwiegersohn der beiden Alten, wollen mit unserer authentischen Schilderung betroffenen Menschen helfen. Kritische Reflexion und klug dosierte Distanz zu böse gewordenen Eltern und zu unredlichen Verwandten sind die ersten Schritte in die richtige Richtung.

Wir zeigen für den Weg zum selbstsicheren Umgang mit bösen Eltern schützende Schranken auf. Wir schildern Beispiele, wie gewollte und unbewußte Übergriffe in das Seelenleben abgewehrt werden können. Denn: Gutmeinende Kümmerer laufen Gefahr, bei allzu selbstlosem Umgang mit bösen Menschen selbst zu verkümmern. Das soll unseren Leserinnen und Lesern nicht passieren!

Birgit und Matteo Scheele

PS.: Aus rechtlichen Gründen sind die Namen der handelnden Personen sowie die der genannten Orte und Institutionen von den Autoren geändert worden.

DIE DARSTELLER DES DRAMAS, DAS DAS LEBEN SCHRIEB:

Birgit	Älteste Tochter des Ehepaares Wim und Wanda Geiß
Matteo	Ehemann von Birgit
Regine	Tochter von Birgit und Matteo
Fritz	Regines Mann, Schwiegersohn von Birgit und Matteo
Franzi	Tochter von Birgit und Matteo
Wim Geiß	Vater von Birgit und Uta
Wanda Geiß	Mutter von Birgit und Uta
Uta Berg	Jüngere Tochter von Wim und Wanda
Roman Berg	Ehemann von Uta
Kira	Tochter von Uta und Roman
Justin	Sohn von Uta und Roman
Jessica	Tochter von Uta und Roman
Rudi	Birgits erster Mann, Regines leiblicher Vater
Martha	Nichte von Wim
Toni	Partner von Martha
Lisa	Ältere Schwester von Wim
Karlchen März	Abteilungsleiter in der Kreisverwaltung
Dr. Messer	Oberarzt im Krankenhaus
Prof. Dr. Bildhauer	Chefarzt im Krankenhaus
Dr. Frei	Hausarzt von Wim und Wanda
Richterin Korp	Richterin beim Amtsgericht
Ellen	Haushaltshilfe bei Birgit und Matteo
Christa	Haushaltshilfe bei Wim und Wanda
Frau Champion	Betreuerin bei der Diakonie
Tina	„Die Polin"
Marietta Bauer	Ehemalige Mitarbeiterin von Wim und Wandas Handelsfirma

KATASTROPHEN PASSIEREN IMMER SONNTAGS:
Warten, ob der Arzt kommt

Es war Ende August, kein guter Tag. Es regnete. In der gynäkologischen Abteilung des Krankenhauses stellten sie fest, der alte, apathische männliche Patient sei ausgetrocknet und habe eine akut entzündete Blase. Außerdem sei eine Lungenentzündung im Anmarsch. Einige Stunden später erkannte ein herbeigerufener Facharzt der benachbarten neurologischen Klinik, das Gehirn des Erkrankten sei atrophisch.

Das hieß, Vater und Schwiegervater Wim, 92, war schwer erkrankt. Zudem litt er unter Gehirnschwund, der über das allgemein übliche altersbedingte Abbröckeln der Festplatte im Kopf hinausging. Der alte Mann zeigte tatsächlich schon seit längerer Zeit Anzeichen von Alzheimer-Demenz. Obendrein war er gebrechlich, nun außerdem noch verwahrlost, und er war lebensmüde. Wims Leben schien akut gefährdet. Die Ärzte fragten Tochter Birgit und Schwiegersohn Matteo nach der Patientenverfügung. Sie hatten eine: Wim wollte keine lebensverlängernden Maßnahmen.

„Ich will sterben", hatte er am Mittag des gleichen Tages gemurmelt, als Birgit ihren Vater bei einem Besuch daheim in erbarmungswürdigem Zustand aufgefunden hatte. In Embryonalstellung gekauert, vollgekotet, unrasiert, übelriechend und fiebrig hatte er in seinem Bett gelegen. Abgeschirmt und weitgehend unversorgt von seiner Frau Wanda, 88, der vermeintlichen Herrscherin über Leben und Tod. Einer ihrer Lieblingssprüche: „Der liebe Gott tut, was ich sage." Vor ihrer Putzfrau machte sie sich schon mal laut Gedanken zur bevorstehenden Beerdigung ihres Mannes. So drückte sich Irrsein aus. Später würde sie sagen, sie habe dafür gesorgt, daß ihr Mann zur Rettung ins Krankenhaus komme.

Verwirrte Alte reden sich allerlei ein. In Wahrheit war es nach etlichen Tagen vergeblichen Vorsprechens der Tochter Birgit erstmals wieder gelungen, ihren Vater zu besuchen. Mutter Wanda, im Ort nannte man sie „Pitbull", hatte ihrer Tochter immer wieder den Zutritt zum Vater verweigert. Er schlafe gerade, sie habe keine Zeit, er werde bösartig, wenn man ihn störe, und dergleichen Einwände mehr waren an der Tagesordnung gewesen. Immer wieder kehrte die besorgte Tochter unverrichteter Dinge heim, um es immer wieder neu zu versuchen. Sie hatte keinen weiten Weg. Aber Wim schlief angeblich immer und würde immer bösartig, und Wanda hatte nie Zeit, wozu auch. Wim war ein gutmütiger Mensch, der im Leben „alles falsch" gemacht hatte. Vielleicht auch deshalb, weil er unangenehme Wahrheiten nicht annehmen wollte, war er schwerhörig und ohne Hörhilfe.

Birgit wohnte mit ihrem Mann Matteo gleich nebenan. Haus an Haus, auf großen Grundstücken, in einer guten Gegend und an einer ruhigen Straße in Beiderbach. Wie steht im Alten Testament, Sprichwörter 25, Vers 17: „Mach dich rar im Haus deines Nächsten, sonst wird er dich satt und verabscheut dich." Birgits und Matteos Foto war schon lange von der Kommode genommen worden, auf der Wim und Wanda die Bilder ihrer Liebsten aufgestellt hatten.

Es war ein Sonntag, als Birgit, 60, ihren Vater im Elend hatte versinken sehen. Ehemann Matteo, 67, machte gerade ein Schläfchen. Nachdem sie ihn aufgeweckt hatte, besprach er mit seiner Frau, was zu tun sei. Nichts zu tun könne den Straftatbestand der unterlassenen Hilfeleistung ergeben, da war man sich bald sicher. Der ärztliche Notdienst mochte helfen, die Rufnummer stand in der Samstagszeitung.

„Bitte nicht gleich losfahren", sagte Matteo am Telefon, „wir wollen uns zunächst einmal informieren, wie das vor sich geht, wenn ein Patient auf Betreiben der Angehörigen und womöglich gegen den Widerstand der eigenen Ehefrau von zu Hause ins Krankenhaus zu bringen ist." Der Mann am anderen Ende war sehr sachkundig, konkret, freundlich und hilfsbereit. Erstens: So etwas mache man alle Tage. Zweitens: Man werde in einem solchen Fall einen Notarzt schicken, der den Fall prüfe.

Falls wirklich erforderlich, werde der Patient anschließend auf ärztliche Anordnung in ein Krankenhaus gefahren.

Haben Sie einen Plan für den Fall des Falles, daß Ihre Eltern oder Schwiegereltern einmal dringend medizinische Hilfe benötigen, ohne daß die Alten die Notwendigkeit erkennen?

NOTARZT IN NOT:
Kommt Hilfe oder nicht?

Aha, so ging das. Also nannten Birgit und Matteo die Adresse und den Namen des armen Kerls von nebenan und baten den netten Herrn vom Notdienst, alles in die Wege zu leiten, um Wim das Leben zu retten. Der von der Zentrale eingeschaltete Notarzt war, dem Zufall war Dank, Dr. Frei, Wims und Wandas Hausarzt. Er rief Birgit und Matteo recht bald an und teilte mit, er sei über diesen Einsatz nicht wirklich begeistert, weil doch Sonntag sei und er anderes tun möchte. Er ließ die beiden im ungewissen, ob er sich auf den Hosenboden setzen würde.

Dr. Frei hatte seinen Grund, so zögerlich zu sein. Wer mag schon frohen Mutes sonntags seinen Verpflichtungen nachkommen, wenn er wenige Werktage zuvor in gleicher Sache düpiert wurde? Der Arzt hatte seinem Patienten Wim vor einiger Zeit eine Serie von Infusionen zur Stärkung der Körperkräfte verschrieben, damit er wieder irgendwie auf die Beine komme und nicht zu Hause immer nur schlapp herumliege. Weil Wanda mit im Spiel war, ließ der Eklat nicht lange auf sich warten.

Wanda nämlich chauffierte ihren Wim von zu Hause in die ärztliche Praxis, ließ ihn dort behandeln, entwich zu irgendwelchen Besorgungen und holte ihn nach einer guten Stunde wieder ab. Als aber einmal bei einer dieser Behandlungen zum Abholtermin die Flüssigkeit noch nicht vollends aus dem Tropf in Wims Körper abgelaufen war, machte Wanda eine ihrer Szenen. Sie schrie das Praxispersonal vor allen anderen wartenden Patienten an und polterte, sie könne nicht bleiben: „Seht doch zu, wie der nach Hause kommt, ich habe keine Zeit", hechelte sie. Außerdem sei das nun die letzte Infusion gewesen, den Rest der verschriebenen Behandlungen könne man vergessen. Dann setzte sie sich in ihr unbekümmert verkehrswidrig quer auf dem Bürgersteig geparktes Automobil und raste davon.

Stop, so stimmte das nicht ganz: Mit ihrem Mercedes schlich sie schon seit Wochen verkehrsuntüchtig durch Beiderbach. Wegen eines offensichtlichen Getriebeschadens war das Auto allenfalls auf maximal 30 Kilometer pro Stunde zu beschleunigen. Das würde bei dem bevorstehenden Unfall mit Fahrerflucht noch von Bedeutung sein.

Wie schätzen Sie den Charakter und das Sozialverhalten Ihrer Eltern und Schwiegereltern ein?

VOM NOTFALL-PATIENTEN ZUM PFLEGEFALL:
Das vorläufige Ende einer Lebensgefahr

In einem zweiten Anruf bei Birgit und Matteo bestätigte Dr. Frei nach kurzer Zeit, daß gehandelt worden sei: Er habe den Patienten daheim besucht und die Überweisung ins Krankenhaus noch für diesen Sonntag angeordnet. In spätestens zwei Stunden werde der Krankentransport da sein.

Wurde nun alles gut? Chefarzt Professor Dr. Bildhauer war im Urlaub. Birgit und Matteo erklärten sich in der Patientenaufnahme des Krankenhauses damit einverstanden, daß Privatpatient Wim von Oberarzt Dr. Messer behandelt werde. In der Gynäkologie, weil anderswo auf die Schnelle kein Privatbett frei war.

Ein Tag später. Wim war bis zum Abend verarztet worden. Zweierlei Infusionen führten ihm Flüssigkeit zu und stärkten sein Immunsystem. Die Blasenentzündung wurde mit Medikamenten bekämpft. Ein Katheder entleerte die Blase in einen Beutel. Das Bett war sauber, die Pflege war bemüht. Wim war ansprechbar, aber total verwirrt. Er sprach völlig unverständlich, essen mochte und konnte er nicht: Ein Häufchen frisch gewaschenes Elend im Pflegebett. Und im Delirium.

Die Nacht drauf bekam er einen Anfall schwerer Atemnot. Wäre er mit dieser Attacke noch zu Hause gewesen, so wäre er womöglich tatsächlich gestorben. So untersuchten ihn die zusammengerufenen Nachtärzte aufs Gründlichste, liefen mit seinem Bett über Etagenflure und steckten ihn sofort in die „Röhre", um zu untersuchen, was in seinem Körper los war. Da war aber weiter nichts, der Herzschrittmacher funktionierte, die Mediziner konnten ihren Patienten stabilisieren. Tags drauf wußte Wim nur noch, welche Panik er in der Nacht gehabt hatte. Das konnte er, so schwer zu verstehen sein Sprechen auch war, Birgit und Matteo vermitteln. Immer und immer wieder. Die Minuten im Kernspintomographen mußten für ihn die Hölle gewesen sein.

Auf der „Inneren" war nun für ihn ein Einzelzimmer frei. Zwei Tage drauf kam Wims Enkelin Regine aus Köln herüber, um nach ihrem havarierten Opa zu sehen. Schneller hatten sich Aufpasser für ihre kleinen Töchterchen nicht finden lassen.

Birgit besuchte ihren Vater wieder an diesem und an jedem kommenden Tag. Ehemann Matteo war oft dabei. Wanda ließ sich so gut wie nicht blicken, sie schrie stattdessen irgendwas durchs Telefon. Sie hatte ja „keine Zeit" und war in der Lage nicht die Herrin, die sie zu sein glaubte. Birgits Schwester Uta kam aus Österreich. Ihr ging es schon seit Jahren offenbar mehr um Wanda und ihr Erbe als um ihren Vater Wim. Wim hatte seit eh und je das Finanzielle seiner Frau überlassen. Er hatte das Vermögen angeschafft, sie verwaltete es. Die Bank mochte schon seit Jahren nicht mehr verantworten, was Wanda zur Reduzierung ihres ursprünglich großen Wohlstandes so alles an Dummheiten anstellte.

Es gab einen ersten Notartermin mit Uta, ohne Birgit. Was immer der bedeuten sollte, Notare gelten als verschwiegen. Erst einen Monat später stellte sich heraus, was da so in Eile ausgeheckt werden sollte.

Am Folgetag saßen Birgit und Matteo sechs Stunden lang an Wims Bett und kümmerten sich um ihn. Birgit streichelte ihm unentwegt die Hände, damit er spüre, daß jemand bei ihm sei. Von den anderen Angehörigen war niemand zu sehen. Nicht nur das Pflegepersonal wunderte sich über diese Absenz. Die ehrenamtlichen „grünen Schwestern" und die Nonne, die sich liebevoll alleingelassenen Patienten annahmen, schüttelten ihre Köpfe und schütteten Birgit ihr Herz aus: Es sei absolute Ausnahme, daß sich Familienangehörige so intensiv um ihre kranken Alten sorgen würden, wie dies bei Birgit und Matteo der Fall sei.

Am letzten Tag des Monats ging es Wim unverändert schlecht. Uta war zurück in Österreich. Es schien, als ob Wims letzte Lebenstage begonnen hätten. Aus dem Delirium schien ein Dauerzustand zu werden, mit Ausweg zum Tod. Die Patientenverfügung war im Krankenhaus bekannt, die Betroffenheit groß.

Wandas Beerdigungspläne für ihren Mann hatten Fortschritte gemacht. Der vermeintlich sterbende Patient artikulierte Unverständliches, wirkte völlig wirr, riß sich die Infusionsschläuche aus den Anschlüssen an seinem Körper. Die Gitter beiderseits des Bettes verhinderten seine Versuche, aus dem Bett zu steigen, und die Gefahr, herauszufallen. Wims Zustand änderte sich am nächsten Tage nicht. Wanda besuchte ihren Mann, selten genug, und traf im Krankenzimmer auf Birgit und Matteo. Die beiden saßen nach dem nun folgenden Eklat täglich mehrfach lange Zeit an seiner Seite, um mit ihm zu sprechen, ihn zu pflegen und ihm kleine Handreichungen zu geben.

Wer kümmert sich im Notfall um Ihre Eltern und Schwiegereltern, wenn Sie aus zeitlichen oder logistischen Gründen verhindert sind?

DER DRACHEN AM BETT:
Fauchen fern jeder Vernunft

Wanda stürmte grußlos ins Zimmer und warf Birgit und Matteo hinaus: „Und ihr geht jetzt. Ich will mit meinem Mann alleine sein." Dann beugte sie sich viel zu nah über Wims Gesicht und erschreckte ihn mit ihm bislang unbekanntem Gesäusel: „Mein Schätzchen, Schätzchen, Schätzchen." Bislang war er in den wenigen guten Sekunden ihrer altgewordenen Ehe allenfalls „der Alte" gewesen und in den üblichen schlechten Zeiten mit Hauptwörtern bedacht worden, die Kleinkinder aus der Kita mit nach Hause bringen und dort hoffentlich wieder verboten bekommen.

Matteos Worte an Wanda, „Wanda, nun sei mal höflich und sag erst mal guten Tag", blieben unerhört. Schlimmer noch: Wanda empfand sie als unerhört. Birgit und Matteo wichen, was sollten sie da noch sagen? Es galt, Wim zu schonen, es ging nicht um Wanda. Nur Wanda ging es um Wanda. Eine Stationsschwester machte aus ihrem Zorn über das Auftreten von Wanda keinen Hehl: „Wenn die so weitermacht, kommt die noch in die Anstalt."

Wim erholte sich in den folgenden Tagen ein wenig, konnte schon für ein paar Minuten im Seniorenstuhl sitzen. Birgit schrieb wegen des anstehenden Antrags auf Pflegeversicherung an die private Krankenversicherung. Sie erhielt nie eine Antwort. Die Tochter ging ihrer Mutter soweit wie möglich aus dem Weg. Sie wollte sich nicht noch einmal aus Wims Krankenstube hinausschmeißen lassen. Später würden Birgit und Matteo dieses vorauseilende Nachgeben gegenüber einer irren Unverschämtheit für einen Fehler halten.

Am übernächsten Tag traf gleichwohl Wanda in Wims privater Krankenstube wieder auf ihre Tochter und ihren Schwiegersohn und ekelte sie erneut aus dem Zimmer. Die beiden mußten sowieso gehen, denn sie hatten einen Beratungstermin bei einem Anwalt für Erbrecht. Verschwörerisch wirkende Heimlichtuerei von Wanda und Uta, an Wim und Birgit vorbei, seit vielen

Jahren an der Tagesordnung, und zunehmend empfundene Ungewißheiten über schon geschehenes Unrecht machten die ein wenig erhellende Diskussion mit dem Experten erforderlich. Es schien, als werde Uta das Durchgangssyndrom ihres Vaters zum eigenen Vorteil nutzen wollen.

Der Fachanwalt kannte sich aus und beruhigte. Oder auch nicht: Auch geistig Verwirrte schließen rechtsgültige Geschäfte ab, das sollte noch wichtig werden. Der Nachweis, daß die Begünstigten betrügerische Absichten haben, fällt schwer.

Derweil besuchten Utas Kinder Kira und Justin ihren Großvater und ihre Großmutter, enteilten aber zwei Tage darauf rasch nach Föhr. Dort hatte Wanda ihrer Tochter Uta eine Wohnung geschenkt. Bei Tante Birgit schauten sie nicht vorbei, doch Oma konnte sich erneut über Schmeicheleien aus dem Kindermund freuen: „Oma, ich hab dich lieb." Das hört sich auf österreichisch vielleicht besonders charmant an. Besonders deshalb, weil diese Bekenntnisse über viele Jahre hinweg nie zu hören gewesen waren. Es hatte nicht einmal Besuche gegeben. Aber es gab ja sicher bald für die Mama etwas zu erben.

Eine Woche verging. Der behandelnde Arzt Dr. Messer wich einem von Birgit und Matteo gewünschten Gespräch zum Gesundheitszustand seines Patienten aus. Er wolle sich mit Birgit und Matteo nicht treffen, weil er doch mit Wanda gesprochen habe. Er konnte die ihm vom Krankenhauspersonal zugetragene Demenz der alten Dame nicht konstatieren. Was mochte Dr. Messer mit Wanda an Sinnvollem ausgetauscht haben? Sein Chef würde ihn später deutlich korrigieren, aber dafür mußte der erst einmal aus dem Urlaub zurück sein.

Am gleichen Tage wies Wanda die ältere Schwester von Wim barsch aus dem Krankenzimmer. Lisa, 99, hatte mit fremder Hilfe und per Rollstuhl den Weg zu ihrem Bruder gefunden. „Das reicht", befand Wanda nach wenigen Besuchsminuten und legte am Rollstuhl flurwärts eigenhändig Hand an: „Da ist die Tür."

Wandas Wirken war total fatal: Sie machte nicht nur Wims Schwester, sondern auch die Schwestern auf der Station mit ihren unsinnigen Einlassungen verrückt. Hatte sie Wim besucht, war der hinterher unruhig und verstört, so kurz die Visite der Gattin auch gewesen sein mochte. Er war zu schwach, um sich gegen ihre Allmachtphantasien zu wehren. Er erntete nun seine über Jahre ausgestreute Saat der selbstgewählten Isolation: Um Wanda auszuweichen, wohnte er, von wenigen Wochenenden abgesehen, seit je nicht bei ihr im gemeinsamen Haus in Beiderbach, sondern zog sich, so oft es ging, ins Salzburger Land zurück. Dort hatte er großes Eigentum und für das alternde Paar eine schöne Wohnung gebaut. Zuweilen kam ihn Wanda dort besuchen, um aber bald wieder abzufahren.

„Am besten geht es mir, wenn ich die Rücklichter meiner Alten sehe", sagte Wim. Humor hatte er immer, der alte Mann, ganz leisen Witz. Wanda kam nicht oft, denn das Dorf südlich von Salzburg bedeutete ihr nichts: Dort war sie unbekannt und sie kannte niemanden. Bedeutungslosigkeit war aber nun nicht nach dem Geschmack der 88jährigen ehemaligen Geschäftsfrau.

Sind Sie auf ein aggressives Verhalten Ihrer Eltern und Schwiegereltern so vorbereitet, daß Sie meinen, damit zum Wohle beider Seiten umgehen zu können?

SACHSCHADEN UND DACHSCHADEN:
Unfall mit Fahrerflucht

Nachmittags um 15 Uhr standen eine junge Polizistin und ein junger Polizist vor Birgits und Matteos Haustür: „Dürfen wir Sie einmal nach der Befindlichkeit Ihrer Nachbarin fragen?" Der Satz der beiden netten Menschen in schmucker Uniform, gepflegt und gutaussehend, kam etwas zögerlich, und er war mit einem Seitenblick aufs Nachbarhaus verbunden. „Die Frau nebenan ist meine Schwiegermutter", sagte Matteo, und die beiden überraschten Ordnungshüter kamen gerne ins Wohnzimmer, um ihm und der aus dem Obergeschoß herbeigerufenen Birgit zu berichten.

Wanda hatte in der Stadt einem Jaguar die Vorfahrt genommen. Gott sei Dank gab es zu den rund 20 000 Euro Sachschaden keinen Personenschaden. Dies auch deshalb, weil die herbeigerufenen Beamten zur Seite sprangen. Die Fahrerin des Mercedes wollte nämlich nach der Karambolage weiterfahren, was ihr für 30 bis 40 Meter gelang. Aber es rächte sich, daß sie seit Wochen oder Monaten den Getriebeschaden an ihrem Wagen nicht hatte beheben lassen und Hinweise auf den Defekt in den Wind geschlagen hatte: „Das hat der schon mal", sie meinte den Mangel. Mit 30 Stundenkilometern Tempo den Ordnungshütern abzuhauen, das konnte nicht gelingen. Es waren zu viele Zuschauer vor Ort, von denen ihr sicher einige erfolgreich hätten hinterherhetzen können, wenn die Polizisten wirklich von ihr angefahren worden wären.

Kräftige Schläge auf die Motorhaube brachten Wanda zur kurzzeitigen Vernunft, und sie stoppte. Sie stieg aus und übergab auf verstärktes Fordern endlich auch ihren Führerschein. „Ich will nicht ins Gefängnis", war ihr fester, herausgekeifter Entschluß. Den unschuldigen Unfallopfern, die sich die gerammte 100 000-Euro-Karosse anläßlich ihrer für den folgenden Tag bevorstehenden Hochzeit ausgeliehen hatten, galt kein Augenblick. Unklug obendrein der zweite Satz: „Ich fahre auch ohne Führerschein!"

Diese Drohung führte dazu, daß die Polizisten die Dame erst einmal nach Hause chauffierten, nachdem ihr beschädigtes, aber rollfähiges Fahrzeug auf einem nahen Parkplatz vorläufig sichergestellt war. Bei Birgit und Matteo zu Hause chattete das Polizistenpaar mit Staatsanwaltschaft und Gericht, um sich eine sofortige Hausdurchsuchung bei Wanda genehmigen zu lassen. Es ging ihnen um die Sicherstellung von weiteren Autoschlüsseln und fernsteuernden Garagentoröffnern, damit Wanda ihre dumme Ankündigung nicht wahr machen konnte. Es war „Gefahr im Verzug", denn in Wandas und Wims Doppelgarage stand noch ein zweiter fahrtüchtiger Mercedes: der von Wim. Zugleich wurde Matteo gebeten, Wandas Wagen bis auf weiteres an einen geheimen Ort zu verbringen. Sicher war sicher.

Zur Hausdurchsuchung wurde Birgit hinzugebeten, damit es nicht zu Vorwürfen Wandas kommen könne, die Beamten hätten etwas beschädigt oder geklaut. Wanda behauptete leider schon mal schnell, daß sie bestohlen worden sei. So etwa habe Birgits und Matteos Gärtner aus ihrem Garten drei Buchsbäume geklaut, die dort freilich nie standen.

Wanda war recht verstört, als im ganzen Haus alle Schubladen aufgezogen wurden, der Kühlschrank geöffnet und ihre Handtaschen durchsucht. „Ich war das nicht", sagte Wanda, im Flüsterton mit senkrechtem Zeigefinger vor dem Mund, zur von den Polizisten herbeigebetenen Tochter, „aber die wissen das noch nicht." Ihren zweiten Autoschlüssel mochte Wanda nicht herausrücken, sie habe keinen. Die Durchsuchung verlief ergebnislos. Das ihr zum Abschluß ausgehändigte Protokoll nahm Wanda unschlüssig an: „Das gebe ich meinem Steuerberater."

Derweil hatte Matteo beim Versicherungsmakler angerufen, um auf Wunsch der protokollierenden Polizisten zu erfahren, wie viele Verkehrsunfälle Wanda denn in der letzten Zeit gemeldet hatte. Es waren innerhalb von 10 Monaten derer vier, aber an allen war sie nicht schuld. Sagte sie. Niemand hatte bislang je darüber geklagt, höchstens geschmunzelt, wie Wandas Wagen mittig über Beiderbachs Straßen kroch, fremde Autos zuparkte oder beim Abbiegen anderen Verkehrsteilnehmern auf deren Spur entgegenkam. Gott sei Dank hatte sie bislang dabei keine Menschen unter die Räder bekommen.

Kümmerin bleibt Kümmerin: Birgit organisierte sofort einen Taxidienst für Wanda, damit sie künftig Wim besuchen könne. Mit Birgit würde Wanda niemals fahren, das hatte sie immer wieder verweigert, und in das Auto ihrer Tochter würde sie auch jetzt nicht einsteigen. „Taxi Baumhold" sagte zu, bis auf Widerruf täglich um halb zehn morgens bei Wanda anrufen, um nach einem Transportwunsch zu fragen. Selbst zum Telefon zu greifen, das hatte Wanda bislang nie gemacht, denn teures Taxifahren galt ihr immer als suspekt. Der besagte Widerruf kam wenige Tage später, freilich nicht von Birgit, sondern vom Taxibetrieb.

Wanda hatte nicht die erforderlichen Umgangsformen, um mitgenommen zu werden. Sie konnte eben Verspätungen nicht leiden. Sie hatte ja keine Zeit. Nun mußte ein anderes Taxiunternehmen ran. Immerhin war dieses Unternehmen geduldig mit ihr und tat künftig seinen Dienst. Später mußten Nichte Martha und deren Lebenspartner Toni die Transporte übernehmen. Sie taten Wanda den Gefallen ein paar Tage lang, bis Toni zur Belohnung einen Euro in die Hand gedrückt bekam. Da war Schluß mit lustig. Zum Ersatzdienst war ab diesem Zeitpunkt Wandas Zugehfrau berufen. Sie mußte ihren kleinen Privatwagen fürs zweifelhafte, nicht entlohnte Fahrvergnügen mit der Chefin einsetzen. Was kümmerten Wanda die Spritkosten?

Wo setzen Sie Grenzen, um sich bei der Sorge um Ihre Eltern und Schwiegereltern nicht selbst aufzugeben?

AUF DEM WEGE DER BESSERUNG:
Verwirrt bleibt verwirrt

Wim erholte sich zunehmend. War in den Tagen zuvor von ihm oft nur überhaupt nichts oder kaum Verständliches zu hören gewesen, so wurde sein Sprechvermögen nun besser. Bald war eine einfache Unterhaltung mit ihm wieder möglich. Birgit erzählte ihm von Wandas Unfall und kam auf Wandas Verwirrtheit zu sprechen: Mehr als ein resigniertes Grinsen kam freilich als Antwort nicht.

Am 10. des laufenden Monats wäre Hilde, Matteos Mutter, 97 Jahre alt geworden. Sie hatte Zeit ihres Lebens ihren Sohn darum gebeten, sich bei seiner Frau Birgit nicht über deren Eltern zu beklagen. Sie hatte diese beiden Personen, deren Lebensgeschichten ihr nicht unbekannt waren, stets als besonders merkwürdig empfunden. Aber die Schwiegertochter mit solchen Erkenntnissen zu belasten, das wäre ihr nie in den Sinn gekommen.

Außerdem waren Birgit und Hilde über die Jahre zu besten Freundinnen geworden. In Birgit hatte Hilde, Mutter zweier Söhne, nun eine erwachsene Tochter, aber vor allem hatte Birgit in Hilde einen Mutterersatz. Es wäre eine eigene Geschichte, zu schildern, wie liebevoll sich Birgit um Hilde gekümmert hatte, in gesunden Zeiten wie in Leid und körperlichem Elend. Sie und Matteo hatten die alte, feine und kluge Dame über viele gesunde Jahre und auch in den Tod begleitet. Mit ihr war eine würdevolle Frau aus dem Leben geschieden, das krasse Gegenteil von Wanda, der Wundersamen. Und Uta? Vor der war Matteo von einem Bankier schon gewarnt worden, kurz, nachdem Matteo mit Birgit angebandelt hatte. Der Bankier, Herr Rückmehr, hatte gemeint, Matteo sei nun an der Seite von Uta – denn die war fürs Männerheischen in Beiderbach ebenso bekannt wie offenbar für Dinge, die insbesondere seriöse Bankmenschen nicht so toll finden.

Daß nun Wanda behauptete, sie habe sich jahrelang um Hilde gekümmert und „täglich mit ihr telefoniert", gehörte zum Lügenprogramm aus Allmachtsucht, Schönschwätzerei und Verwirrtheit, bislang war die genaue Herkunft von derartigen Hirngespinsten nicht zu ermitteln. Wahr aber war, das Wanda ihrer Tochter Birgit und ihrem Schwiegersohn bis heute nicht zur Hochzeit gratuliert und bis heute nicht Matteo zum Tode seiner Mutter ihre Anteilnahme ausgesprochen hatte. Der Tod fand nicht statt im Bewußtsein der alten Leute, denn Wanda wußte: Sie stirbt nicht. Nein, sie plante noch in ihren Augen Großes und Sinnvolles: Das Schloß ihres Hauses werde ausgetauscht, damit Birgit ihr und Wim nicht doch noch einmal unverhofft einen Besuch abstatte, und es werde auf der gemeinsamen Grundstücksgrenze sobald wie möglich ein Zaun gebaut, damit sie den Gärtner nicht mehr sehen müsse, der ihr die Pflanzen gestohlen habe. Ok, das müßte dann eine zwei Meter hohe Mauer werden, und einen Schlüssel zum elterlichen Haus hatte Birgit ohnehin nicht mehr.

Wanda konnte immer alles, sie war Ärztin gewesen. Und sie log nie. Auf eine von ihr an Wims Krankenbett mitgebrachte Sprudelflasche klebte sie einen Zettel mit handschriftlicher Notiz: „Diese Flasche ist im Eigentum. Wenn sie leer ist, nicht wegwerfen." Das war im ersten Satz ihr Immobiliendeutsch, noch in Erinnerung aus den unzähligen Haftungsprospekten geschlossener Immobilienfonds, deren Zinsversprechen sie in ihrer Geldgier bis zum bitteren Ende der Investments blind vertraut hatte.

Haben Sie einmal überlegt, auf welche Personen aus Ihrer Verwandtschaft Sie zählen können, wenn es um das Wohlergehen Ihrer Eltern und Schwiegereltern geht?

VON WEGEN BETREUUNG:
Ein Brief fordert Besserung

In den nächsten Tagen schrieb Birgit einen formlosen Antrag ans örtliche Amtsgericht. Ziel war es, für Wim und Wanda einen Betreuer einsetzen zu lassen. Daß und warum das nicht gehen würde, das wußten Birgit und Matteo nicht.

Dies war der Text:

„Sehr geehrte Damen und Herren,

wir beantragen die Einsetzung eines Betreuers/einer Betreuerin für Wim und Wanda Geiß, wohnhaft in Beiderbach. Die Betreuung soll die Supervision der pflegerischen und medizinischen Versorgung für beide Personen zu Hause umfassen und alle relevanten finanziellen Dispositionen über Einkommen und Vermögen.

Bei den zu betreuenden Personen handelt es sich um unsere Eltern bzw. Schwiegereltern. Der Vater Wim ist 92, die Mutter Wanda 88 Jahre alt.

Das ist die Situation: Wim liegt seit zwei Wochen im Beiderbacher Krankenhaus und wird als weitestgehend bettlägeriger Pflegefall nach Hause kommen; eine Unterbringung in ein Heim ist von beiden mit notarieller Verfügung untersagt.

Wanda wird aber nicht in der Lage sein, ihren Mann fachgerecht zu versorgen. Sie wird auch die Arbeit einer noch einzustellenden Ganztags-Pflegekraft weder unterstützen noch anleiten oder beurteilen können. Wanda lebt in einem äußerst aggressiven Zustand zunehmender geistiger Verwirrung, medizinische Diagnosen dazu sind uns nicht bekannt. Wim hat laut Aussage eines untersuchenden Arztes der Beiderbacher neurologischen Fachklinik ein altersbedingt deutlich atrophisches Gehirn, hat aber, das können wir beurteilen, einen friedvollen, positiven Charakter.

Wir kommen als Pflegekräfte und Betreuer ebenso wenig in Frage wie Uta Berg, die zweite Tochter der Eheleute Geiß: Sie lebt mit ihrer Familie in Österreich.

Wir wiederum wohnen mit den Eltern/Schwiegereltern Haus an Haus, durften aber auf Wandas Geheiß seit Wochen nicht nach dem bettlägerigen Vater sehen. Wanda schottet sich und ihren Mann seit Jahren vor uns völlig ab. Das wird sich nach unserer Einschätzung künftig nicht ändern.

Aktuelle Anlässe unseres Antrages sind:

Am Sonntag, den […] haben wir über die ärztliche Notrufzentrale und Herrn Dr. Frei den Vater aus seinem verwahrlosten Zustand herausholen und ins Beiderbacher Krankenhaus fahren lassen. Er war dehydriert, hatte Blasenentzündung und Lungenentzündung, hatte eingekotet, war völlig hilflos und apathisch, er wollte nur noch sterben. Für dringend erforderliche Arztbesuche beim Hausarzt hatte seine Frau „keine Zeit". (Zuletzt hatte sie „keine Zeit" für ein vom behandelnden Krankenhausarzt gewünschtes Gespräch zum gesundheitlichen Zustand ihres Mannes.) Weil es in der ersten Krankenhausnacht noch zu einer intensiven Notfallbehandlung für Wim Geiß kam, gehen wir davon aus, daß wir mit der gerade noch rechtzeitigen Benachrichtigung des ärztlichen Notdienstes unserem Vater/Schwiegervater Schlimmeres verhindert haben.

Frau Wanda Geiß hat seit dem […] nun insgesamt vier versicherungsrelevante Verkehrsunfälle verursacht, den letzten davon am vergangenen Freitag. Dabei kam es zu hohem Sachschaden, zur versuchten Fahrerflucht und zu heftigsten Aggressionen gegen die herbeigerufenen Polizeibeamten. Weil angesichts der Ankündigung von Frau Wanda Geiß, auch ohne Führerschein weiter Auto zu fahren, Gefahr im Verzuge war, kam es unmittelbar zu einer (erfolglosen) richterlich genehmigten Hausdurchsuchung nach einem zweiten Schlüssel für ihren Wagen und nach Schlüsseln des in der Garage stehenden Wagens ihres Mannes. Das Unfallauto ist auf polizeiliche Anweisung vor ihr versteckt worden, weil es sehr wahrscheinlich doch einen zweiten Schlüssel gibt. Gott sei Dank gab es beim letzten Unfall keinen Personenschaden, Entzug der Fahrer-

laubnis auf Lebenszeit und ein Strafverfahren gegen Wanda Geiß sind dennoch sehr wahrscheinlich.

Der Geisteszustand von Frau Wanda Geiß hat sich in den letzten Wochen insgesamt dramatisch verschlechtert. Ein paar ihrer wirren und falschen Aussagen als Beispiel: Sie hält sich für eine Ärztin, hat angeblich für die Pflege ihres Mannes alles im Haus, hat die Verkehrsunfälle allesamt nicht verursacht, hat keine Angehörigen, Pflanzen werden aus ihrem Garten gestohlen, sie hat sich jahrelang um die vor zwei Jahren verstorbene Mutter von Matteo Scheele gekümmert. Beim geringsten Widerspruch – oder wenn z. B. das Taxi zwei Minuten zu spät kommt – wird sie hysterisch und aggressiv, ergeht sich in Fäkalsprache, steht neben sich und ist unberechenbar.

Eheleute Geiß haben ihren Töchtern Birgit und Uta Versorgungsvollmacht erteilt. Wir glauben, daß Wanda schon seit einigen Jahren nicht in der Lage ist, über Einkommen und Vermögen ihres Mannes und über ihre eigenen finanziellen Angelegenheiten vernünftig zu verfügen. Wichtige finanzielle Dispositionen wickelt Wanda zunehmend alleine mit Hilfe von Uta ab; also unter bewußtem Ausschluß von Birgit. Es gibt Hinweise dazu, daß Frau Uta Berg ihre Schwester Birgit hintergeht. Falsche Entscheidungen sowie Unredlichkeiten – zum Nachteil des an finanziellen Dingen inzwischen desinteressierten Vaters – können wir in Unkenntnis der getroffenen Entscheidungen und beschlossenen Maßnahmen deshalb nicht ausschließen. Also sollte der Betreuer/die Betreuerin auch diesen Bereich sachkundig und neutral übernehmen bzw. sollte eine gesonderte Fachkraft für diesen Bereich zuständig sein.

Angesichts der Umstände bitten wir um möglichst rasche Bearbeitung dieses Antrages."

Abends rief Professor Dr. Bildhauer bei Birgit und Matteo zu Hause an; er wolle sie sprechen. Was sein Oberarzt Dr. Messer vermieden hatte, sollte nun stattfinden: eine Aussprache zum Zustand des Patienten Wim.

Haben Ihnen Ihre Eltern und Schwiegereltern Vollmachten übergeben und wissen Sie, wo diese sich befinden? Kennen Sie den Wortlaut? Überprüfen Sie alle drei Jahre den Inhalt der Urkunden auf Sinnhaftigkeit?

EIGENGEFÄHRDUNG UND FREMDGEFÄHRDUNG:
Wer bewahrt die Mutter vor sich selbst, wer den Vater vor seiner Frau?

Mitte des Monats war Matteos Geburtstag. Statt ihn zu feiern, ging es auf Ämtertournee. Zunächst besuchten Birgit und ihr Mann eine Frau Champion, leitende Mitarbeiterin der örtlichen Diakonie. Sie war den beiden als vernünftige Anlaufstation genannt worden, für Fälle wie den, dem sie sich nun zu stellen hatten. Birgit und Matteo berichteten zur Sachlage und hörten Erstaunliches: Wenn eine private Vorsorgevollmacht vorliege, komme eine gerichtlich verfügte Betreuung nicht in Frage. Der Staat habe das vor einigen Jahren so eingerichtet, offenbar um Geld zu sparen – und um den Notaren, die bei Immobilien und anderen Schätzen tunlichst zur Beratung und Beurkundung bemüht werden, Einnahmen zuzuspielen. Ok, schon wieder ein Scherz.

Aber es ist nicht zum Lachen, wenn eine private Vorsorgevollmacht die Bevollmächtigten paralysiert: Im Falle von Birgit und Uta ging es um Ersatzbevollmächtigte, die gemeinschaftlich handeln sollen, wenn die Bevollmächtigen – das waren Wim und Wanda gegenseitig – beide nicht mehr handlungsfähig waren. Abgesehen von der Antwort auf die Frage, unter welchen Bedingungen die sogenannte „Gebrauchmachung einer Vollmacht" unstreitig angesagt sei, ob also die Voraussetzungen zur Ausübung der Vollmacht gegeben waren, war der Weg zur Problemlösung für Wim und Wanda mit zusätzlichen Steinen gepflastert:

Wer stellte die Voraussetzungen fest, wenn die Vollmachtgeber sich nicht freiwillig untersuchen ließen?

Wer führte eine zumindest theoretisch mögliche zwangsweise Vorführung zur medizinischen Untersuchung durch?

Wer bestimmte unstreitig, daß die Voraussetzungen ohne fachmedizinische Untersuchung der Vollmachtgeber gegeben wären?

Wie spielten die Behörden und Experten zusammen (in diesem Falle Amtsgericht und Kreisverwaltung, Diakonie, auf der medizinischen Seite Hausarzt, Krankenhausarzt und der Facharzt der neurologischen Klinik)?

Wie könnten die Bevollmächtigten und Ersatzbevollmächtigten ihre Arbeit tun, wenn einer der Bevollmächtigten sich der Zusammenarbeit entzöge oder einseitige Entscheidungen träfe und Maßnahmen ohne Abstimmung durchführte?

Frau Champion hatte Erfahrung: „Am Ende kneifen alle", gab sie zu verstehen. Birgit und Matteo würden mit ihren Sorgen alleine bleiben. Wenn Uta einverstanden sei, könne Frau Champion eine Mediation versuchen. Betreuen könne sie jedenfalls nicht, weil es die private Vorsorgevollmacht gebe, und sie wolle nicht noch weitere Menschen betreuen. Sie habe genug zu tun und höre sowieso bald auf, berufstätig zu sein.

Soweit, so gut oder schlecht. Die bei Birgit und Matteo resultierenden Gedanken waren diffus, Verzweiflung keimte auf, die Hoffnung auf Vernunft und Solidarität blieb. Der nächste Termin war bei Chefarzt Professor Dr. Bildhauer, dem guterholten Urlauber aus dem Krankenhaus. Ja, bei Wanda liege Eigen- und Fremdgefährdungspotential vor. Sie müsse sich in der Fachklinik für Neurologie untersuchen lassen und vielleicht ein paar Tage zur Beobachtung dortbleiben. Die Verwirrtheit könne man ihr nicht mehr nehmen, aber womöglich ihre Aggressivität. Man könne sie mit Medikamenten so einstellen, daß mit ihr ein verträglicher Umgang möglich werde. Drängendes Fazit: „Da bleibt nur die Klinik."

Anschließend ging es für Birgit und Matteo um die Ecke zur örtlichen Polizeidienststelle. Sie fragten erfolgreich nach dem Aktenzeichen, unter dem Wandas Unfall mit Fahrerflucht und womöglich Widerstand gegen die Staatsgewalt entstand. Eine zwangsweise Vorführung von Wanda sei nach entsprechendem Beschluß kein Problem, hieß es, das mache man alle Tage. Die Beamten mußten einen richtigen Zorn auf die alte Frau gehabt haben, die da ihren Kollegen mit ihrem Auto über die Füße hatte fahren wollen, um dann zu flüchten.

Weiter zum Amtsgericht. Birgit und Matteo gaben den Antrag zu Protokoll, Wanda wegen Eigen- und Fremdgefahrdung in der Fachklinik Beiderbach unterzubringen. Sie beriefen sich auf die eindeutigen mündlichen Stellungnahmen des Krankenhaus-Professors und gingen davon aus, daß sich dieser und zudem der Hausarzt Dr. Frei noch entsprechend schriftlich äußern würden. Was sie freilich über Wochen hinweg nicht taten. Wenn es schon keinen von der Behörde eingesetzten neutralen Betreuer geben könne, so doch bitte eine Medikamentenbehandlung für Wanda, damit von ihr keine Gefahr mehr ausgehe. Richterin Korp wurde der Antrag umgehend vorgelegt und sie rief Birgit und Matteo schon nach einer halben Stunde auf deren Handy zurück: Sie werde sich kümmern.

Ist eindeutig festgestellt, wann Sie von den Vollmachten Ihrer Eltern und Schwiegereltern Gebrauch machen dürfen oder müssen?

RASTLOSES BEMÜHEN:
Wege ins Leere

Wanda sei ihr aus einem früheren Vorgang „nicht unbekannt", ließ Richterin Korp am Telefon wissen. Vor einigen Jahren hatte Wanda eine von ihr ausgeübte Vollmacht über Vermögen und Finanzen einer alten Verwandten partout nicht abgeben wollen. Allmachtsphantasien zogen sich eben durch ihr Leben: Als Matteo vor über 20 Jahren seine Birgit geheiratet hatte, hieß es von Wanda im Ort: „Der ist nicht so, wie ich das will, aber den kriege ich noch hin." Von wegen. Auch der Enkel der von Wanda seinerzeit Bevormundeten wehrte sich halbwegs erfolgreich gegen Wandas Wünsche – jetzt machte ein vom Gericht ernannter neutraler Betreuer sein Geschäft.

Am Tage nach Matteos Geburtstag kam es auf Wunsch der Kümmerer zum Gespräch mit Hausarzt Dr. Frei. Er bestätigte Birgit und ihrem Mann, daß man die Aggressionen von Wanda medikamentös herunterdimmen könne. Eine vorherige mehrtägige Untersuchung in der Beiderbacher Fachklinik für Neurologie sei hilfreich. So könne man die Eigen- und Fremdgefährdung der Patientin in den Griff bekommen. Schon früher habe er, Dr. Frei, Wanda wiederholt dringend gebeten, sich fachmedizinisch untersuchen zu lassen.

Das werde dann schon gut werden, glaubten Birgit und Matteo und kümmerten sich um die nächste dringende Angelegenheit: Wims Entlassung in die Kurzzeitpflege stand unmittelbar bevor. Der Vertrag mit dem Träger des für gut befundenen Käthe-Kastor-Hauses mußte unterschrieben werden. Und wenn es nicht für gut befunden geworden wäre – anderswo sei ohnehin aktuell kein Heimplatz frei, hieß es. Im Kastor-Haus war Gott sei Dank gerade jemand verstorben. Wim zu Wanda nach Hause zu entlassen, dieser schreckliche Gedanke war den Krankenhausärzten glücklicherweise gar nicht erst gekommen. Obwohl es Wim nun wirklich besser ging: Er war vom Blasenkatheter ebenso befreit wie von diversen Schläuchen, die im Kräftigendes zugeführt hatten. Körperliche und geistige Schwäche waren geblieben, der Pflegefall schien unumkehrbar.

Kennen Sie die über den Inhalt der Vollmachten hinausgehenden Befindlichkeiten und Wünsche Ihrer Eltern und Schwiegereltern und haben Sie mit ihnen über die objektive Erfüllbarkeit der Wünsche gesprochen?

DER PATIENT IST AUSTHERAPIERT:
Ab in die Kurzzeitpflege

Zur Monatsmitte wurde Wim, liegend per Krankenwagen, ins Heim für Kurzzeitpflege transportiert. Während er sich mit Hilfe von Birgit und dem jugendlichen Personal dort einrichten ließ, telefonierte Matteo im Treppenhaus mit Karlchen März. Der war Leiter der Abteilung für Recht und Ordnung in der zuständigen Kreisverwaltung und in Sachen Betreuung ein wichtiger Entscheider. Intensiv vermittelte Matteo dem Mann vom Amt die aktuelle Situation und die Notwendigkeit einer fachmedizinischen Untersuchung. Dazu bedurfte es allerdings noch eines ordentlichen Briefes an Karlchen März und eines Attestes vom Hausarzt Dr. Frei. Auch der wurde vom Treppenhaus des Pflegeheims von Matteo telefonisch erreicht und der Schwiegersohn war, wie er meinte, erfolgreich: Das Attest werde kommen, zumindest für Wanda.

Am nächsten Tag war Wim erstaunlich fit, und Birgit versuchte mit ihrem Vater einen Gedankenaustausch zu Wandas Verwirrtheiten und Aggressionen. „Ich habe ein falsches Leben gelebt", bekannte der alte Mann leise, aber bestimmt, aber etwas Konstruktives kam beim Gespräch nicht heraus: Kein Bedauern über den Haß, den seine Frau gegenüber der gemeinsamen Tochter ausspuckte, keine Idee, wie sich die Probleme lösen ließen. Es wurde immer deutlicher: Daß Wim Angst vor Wanda hatte, war keine Koketterie, sondern katastrophales Ergebnis einer verpfuschten Beziehung.

Birgit formulierte den von März gewünschten Antrag an die Kreisverwaltung.

Dies war der Text:

Betr.: Fachmedizinische Untersuchung meiner Mutter Wanda Geiß in der Fachklinik Beiderbach

Sehr geehrter Herr März,
in Sorge um das Wohl meines Vaters Wim Geiß, 92, und in Sorge um das Wohl und das verhängnisvolle Wirken meiner Mutter Wanda Geiß, 88, mache ich einige persönliche Anmerkungen mit der Bitte, diese im Falle einer erfolgreichen Überweisung an die Fachklinik weiterzuleiten.

Aktuelle Situation: *Mein Vater wurde vor drei Wochen auf mein Betreiben hin vom notärztlichen Dienst von zu Hause ins Beiderbacher Krankenhaus gebracht. Seit gestern ist er gegen den Willen meiner Mutter, aber auf Anraten der behandelnden Ärzte und mit Hilfe meiner organisatorischen Unterstützung in Kurzzeitpflege im Beiderbacher Käthe-Kastor-Haus untergebracht. Er ist nach eigenen Beobachtungen geistig wach und denkt mit, ist aber orientierungslos und weitestgehend bettlägerig. Seine mündliche Artikulation ist schwer verständlich. Wim Geiß hat laut Aussage eines untersuchenden Arztes der Beiderbacher Fachklinik ein altersbedingt deutlich atrophisches Gehirn, hat aber, das kann ich beurteilen, einen friedvollen, positiven Charakter. Vaters und Mutters Hausarzt, Dr. Frei, ist behandelnder Arzt in diesem Heim.*

Vorgeschichte: *Meine Eltern wohnen in Beiderbach, Richard-Kelch-Straße 4, mein Mann (67) und ich (60) nebenan in Hausnr. 6. Seit Monaten schon erschwerte meine Mutter mir den Zugang zu meinem zunehmend müden und schläfrigen Vater und verwehrte mir den Zugang zuletzt völlig. Am […] schaffte ich es dennoch, das Haus meiner Eltern wieder einmal zu betreten und sein Befinden zu kontrollieren. Er lag verwahrlost und gekrümmt in seinem Bett: dehydriert, schlecht ernährt, eingekotet. Er jammerte, er wolle sterben. Später stellten sich Blasenentzündung und Lungenentzündung heraus. Wenige Tage zuvor hatte meine Mutter meinen Vater noch dreimal zum Hausarzt Dr. Frei in Beiderbach gefahren, wo er aufbauende Infusionen bekam. Nachdem sie einmal zehn Minuten länger als gedacht auf das Ende der Behandlung* ihres Mannes warten sollte, machte sie in der Praxis eine aufsehenerregende Szene und fuhr davon. Mein Vater mußte dann ein Taxi nach Hause nehmen. Seitdem verweigerte meine Mutter weitere Arzttermine mit ihrem auch ansonsten üblichen „Argument", sie habe keine Zeit.

Das Problem: Meine Mutter wirkte schon immer herrschsüchtig und egoistisch. Nun ist eine deutliche geistige Verwirrung und permanente Aggression mit autistischen Zügen hinzugekommen, die Dr. Frei und Prof. Dr. Bildhauer, Chefarzt im Beiderbacher Krankenhaus, als Demenz erkennen. Die Zunahme in den letzten Wochen sei „rapide" (Dr. Frei) und ich müsse unbedingt die Kreisverwaltung einschalten, damit es einen exakten Befund geben könne, denn es bestehe „Eigen- und Fremdgefährdung" (Prof. Bildhauer). Meine Mutter behauptet unter anderem ernsthaft und fälschlich vor mir, den Ärzten und der Polizei, daß sie Ärztin gewesen sei, alles könne, keine Angehörigen habe, Gott das mache, was sie wolle. Leider ist nahezu alles, was sie sagt, entweder bewußt gelogen, Irrtum aus Verwirrung oder aus ihren Phantasien gezogene Unwahrheit. Zwischenzeitlich hat sie einen neuerlichen Verkehrsunfall (den 4. in zehn Monaten) verursacht, mit hohem Sachschaden, Fahrerflucht, Führerscheinentzug und der mehrfachen Aussage, sie fahre ohne Führerschein weiterhin Auto (Aktenzeichen VN 12345, Ansprechpartner Polizeibeamte(r) Frau Polo und Herr Retus in der Polizeistation Beiderbach).

Die Perspektive: Meine Mutter wird in dieser aggressiven und verwirrten Verfassung nicht in der Lage sein, meinen Vater fachgerecht zu versorgen und ihm – und sich selbst – sachgerechte Ernährung und medizinische Betreuung zu ermöglichen. Sie wird die Arbeit einer noch einzustellenden Ganztags-Pflegekraft weder unterstützen noch anleiten oder beurteilen können. Bislang hat sie jede Empfehlung, sich eine kompetente (und körperlich kräftige) Ganztagskraft ins Haus zu holen, energisch von sich gewiesen. Sollte sie dennoch einwilligen, besteht die Gefahr, daß diese Fachkraft angesichts des derzeitigen Verhaltens meiner Mutter gegenüber Mitmenschen bald wieder das Weite sucht. Ich oder mein Mann kommen als 24-Stunden-Pflegekräfte und Betreuer ebensowenig in Frage wie Frau Uta Berg, meine Schwester und jüngere, zweite Tochter meiner Eltern: Sie lebt mit ihrer Familie in Grödelnhausen/Österreich.

Mir geht es nun darum, daß mein Vater möglichst rasch wieder nach Hause kommen kann und dort professionell und liebevoll gepflegt wird. Benötigt wird eine professionelle, zuverlässige und herzensgute 24-Stunden-Kraft, die sich auch um meine Mutter kümmert. Räumlichkeiten und finanzielle Mittel dazu sind vorhanden. Diese häusliche Pflege wird nach meiner Einschätzung möglich sein, wenn meine Mutter medikamentös so eingestellt wird, daß sich zwar ihre Verwirrtheit nicht bessert, sie aber friedlich und umgänglich wird. Erforderlich ist nach meiner Ansicht ferner, daß meine Mutter mir nicht weiterhin den Zugang ins elterliche Haus verwehrt (sie will nun das Haustürschloß auswechseln). Werden mein Vater und meine Mutter im jetzigen Zustand im Haus alleine gelassen, sind mir die Hände gebunden und ich kann nichts weiter für meine Eltern tun: Für meinen Vater bedeutet das akute Lebensgefahr.

Schlußbemerkung: *Ich mußte in dieser Mail deutlich werden, um mich und meinen Mann vor denkbaren späteren Vorwürfen zu schützen. Es fällt mir schwer, meine Mutter in der hier erforderlichen Weise zu beschreiben, aber Offenheit ist sicher im Sinne alle Betroffenen und Verantwortlichen. Die Experten der Fachklinik mögen sich nun selbst ein Bild machen.*

Anlage: General- und Altersvorsorgevollmacht

Soweit dieses Schreiben.

Haben Sie einen Überblick und Einblick über die von Ihren Eltern und Schwiegereltern bevorzugten Pflegeheime für Kurzzeitpflege und Langzeitaufenthalt?

PRIVATE VORSORGEVOLLMACHT:
Die Medaille hat eine Kehrseite

Im Pflegeheim vermißte Birgit frische Wäsche für Wim, sie kümmerte sich statt Wanda darum. Matteo und Birgit besorgten mit Rezepten von Dr. Frei den nötigen Nachschub an Medikamenten, um den sich Wanda ebenfalls nicht gekümmert hatte – sie bangte um kaum etwas anderes als um das Pfand der im Krankenhaus verbliebenen Sprudelflasche. Birgit und Matteo kauften dem alten Herrn einen Hausanzug und erkundigten sich nach Qualitäten und Preisen von Rollatoren. Denn es bestand die Hoffnung, daß Wim doch recht bald wieder auf die Beine kommen würde, wenn auch nur für jeweils ein paar Minuten. Niemand ahnte, wozu er noch fähig würde.

Birgit versuchte ein neues Überzeugungsgespräch mit ihrem Vater. Sie wollte ihn zur Einsicht bringen, daß er künftig nicht mehr mit Wanda alleine zu Hause leben könne, daß ein Treppenlift einzubauen, ein Pflegebett zu kaufen und eine Pflegekraft einzustellen sei. Wim nickte, wollte in diesem Sinne mit Wanda sprechen und fragte immer wieder, wo er denn sei. Gleichzeitig behauptete er, er habe daheim mehr als nur einen Hausanzug im Schrank.

Am folgenden Tag stand ein Gespräch mit einer Bankberaterin an. Wenn Birgit und Matteo über den Hausanzug hinaus einen ordentlichen – natürlich den besten und teuersten – Rollator und ein Pflegebett kaufen und den Treppenlift beauftragen wollten und sollten und wenn die Rechnung vom Pflegeheim zu bezahlen sei, dann wäre eine entsprechend begrenzte Bankvollmacht für Tochter Birgit angeraten. Unter 350 Euro war eine vernünftig rollende und stabile Gehhilfe nicht zu bekommen, Matteo hatte sich schon gründlich erkundigt. Auf Diskussionen mit Geizhals Wanda hätte man sich mit einer gedeckelten Bankvollmacht nicht einlassen müssen. Die Bankberaterin war aus alten Tagen mit Wim – und Wanda – bestens bekannt, und er erkannte sie auch. Er verstand den Wunsch, den die Dame und Birgit gemeinsam vortrugen. Wim aber zögerte, und er unterschrieb schließlich die vorbereitete Vollmacht nicht. „Nein, das gibt Ärger!", sagte er mehrfach und blieb stur. Wanda war wirklich allmächtig.

Ein Anruf von Frau Champion, Diakonie, brachte Neuigkeiten. Sie hatte sich nochmals erkundigt: Es gäbe die Möglichkeit der sogenannten Kontrollbetreuung, wenn sich die per privater Vorsorgevollmacht Bevollmächtigten nicht über das Wohl und Wehe der Betreuten einigen könnten. Ein Kontrollbetreuer, so verstanden Birgit und Matteo, wäre im konkreten Fall eine sachkundige und psychologisch geschulte Person vor Ort, mit der sich die Schwester Uta und Birgit zusammensetzen könnten, um eine vernünftige Betreuung der verwirrten Eltern umzusetzen. Das war für Birgit und Matteo eine gute Nachricht. Die Hoffnung auf ein behördlich unterstütztes privates Altenmanagement, das sich nicht paralysiert und blockiert, war wieder geweckt worden. Der nun fällige Antrag wurde umgehend beim Amtsgericht gestellt. Dort kannte man die beiden ja schon, und die neuen Storys vom „Pitbull" amüsierten ein wenig. Und ganz kurz.

Haben Sie mit Ihren Mitbevollmächtigten das Problem zu Ende besprochen, daß mangelnde Einigkeit und Zusammenarbeit bei gemeinschaftlich vergebenen Vollmachten schlimme Folgen für alle haben werden?

DER ALTE MANN ZWISCHEN DEN STÜHLEN:
Wenn ein Amt sein Wort nicht hält

Die nächsten Tage vergingen, Wim wollte nach Hause. Das ging aber nicht, weil nichts vorbereitet war. Kein Lift, kein Pflegebett, keine Pflegerin. Birgit konnte nichts tun, weil Wanda nichts machte und nichts konnte, sich aber nicht helfen ließ. Falsch: Wanda hatte den ihr so gut bekannten örtlichen Schreiner, den sie über all die Jahre mit lukrativen Aufträgen daheim und im Salzburger Land versorgt hatte, mit dem Bau eines Treppenliftes beauftragt. Das machte doch Sinn, die mit ihnen seit vielen Jahren herzlich befreundete alte Chefin und Inhaberin eines führenden Herstellers von Treppenliften um sofortige Lieferung und Montage zu bitten. Karlchen März rief bei Matteo an und sagte, er werde „am kommenden Tag um 13 Uhr" zum Gespräch mit Wanda in Beiderbach sein. Matteo gab die gute Nachricht gleich an Frau Champion weiter, denn sie hatte ja angekündigt, Birgit und Matteo würden nichts erreichen und in der Sache im Stich gelassen. Falsch oder doch richtig: Der Termin hat wohl nie stattgefunden.

Wim erholte sich in der Kurzzeitpflege zusehends. Wollte er vor etwa drei Wochen noch sterben und schien es, als seien seine letzten Tage gekommen, so wurde er nun zusehends munter. Seine fast totale Verwirrtheit, wohl verursacht auch durch Dehydrierung, klang täglich ein wenig weiter ab. Freilich bewältigte er gedanklich noch immer allenfalls die jeweilige Gegenwart, die für ihn aus schlechtem Essen, dummem Personal und grundsätzlichem Ärger übers Leben bestand. So sehr, wie er sich all die Jahre von zu Hause und fort von seiner Wanda gesehnt hatte, der „Alten", und vor ihr ins Salzburger Land geflohen war, so sehr drängte es ihn nun heim.

Birgit bekam einen Anruf von der Pflegestation, man wolle nur mit ihr sprechen, nicht „mit dieser Frau". Mit Wanda ein vernünftiges Wort zu wechseln oder gar Verabredungen zu treffen, hatte sich für die jungen Schwestern im Käthe-Kastor-Haus als unmöglich erwiesen.

Der angekündigte Besuch von Karlchen März fand offensichtlich tatsächlich nicht statt. Die Kreisverwaltung hatte wahrscheinlich beschlossen, „die Sache" im Sande verlaufen zu lassen, denn Dr. Frei hatte die in Aussicht gestellten Atteste nicht geliefert. Stattdessen gab es bei Wanda erneut den Besuch eines Notars, wie Wim seiner Tochter Birgit zu erzählen wußte. Was die dazu aus Österreich für einen Kurzbesuch herbeigeeilte Uta und ihre Mutter unter notarieller Aufsicht ausgeheckt hatten, blieb über Wochen hinweg ein Geheimnis. Wim wußte von den getroffenen Vereinbarungen ebenfalls nichts. Seine Frau hatte ihm vom Stattfinden des Treffens berichtet, nach den Inhalten zu fragen, dazu fehlte ihm der Mut.

Der mit dem Zaunbau beauftragte Gartenbaubetrieb berichtete an Birgit: Man halte das Vorhaben für ein Hirngespinst und ein Stück Kabarett. Wanda sei mitgeteilt worden, dafür habe man erst im kommenden Frühjahr Zeit. Was Wanda nicht einkalkulierte: Wenn auch zwischen Straße und Häuserfronten die Grundstücksgrenze sperrig markiert würde, also in dem zu Stellplätzen gestalteten Vorgartenbereich, dann hätten Wims und Wandas Besucher auf dem Gelände keinen Parkplatz mehr. Diesen Plan verfolgte Wanda wahrscheinlich nicht. Birgit und Matteo ganz bestimmt ganz und gar nicht.

Sind Sie emotional darauf vorbereitet, daß Sie mit Ihren Problemen bei der Versorgung Ihrer alten Eltern von Ärzten und Behörden alleine gelassen werden könnten?

GUTE GESPRÄCHE MIT EINEM ALTEN MANN:
Erinnerungen an Kindheit und Jugend

Birgit besuchte ihren Vater täglich. Sie sprach mit den bemühten und freundlichen Pflegeschwestern und saß stundenlang am Bett ihres Vaters. Dessen atrophisches Gehirn verlor sich immer mehr in weit entfernte Vergangenheiten, die Gedanken sprangen durch die Zeiten, und ganz selten blickte der alte Mann in hellen Momenten in die Gegenwart hinein – aber nach wie vor, ohne sich sicher zu sein, wo er sich derzeit befinde. Da erinnerte sich Wim, wie er als Knirps – auf der Lenkstange sitzend – mit seinem Vater auf dem chromglänzenden Miele-Fahrrad bis Altenrade in den Hochwald gefahren sei. Dort hätten sie Schaumlöffel verkauft, also sein Vater sei in die Häuser gegangen und er habe das Fahrrad derweil nicht an die Wände lehnen dürfen, sondern habe es festhalten müssen. Damit das Gefährt nicht verkratze. Die Wände wären ihm egal gewesen, aber das Fahrrad war „so kostbar wie ein Mercedes". Möglicherweise so wertig wie der, den Wanda vor ein paar Tagen demoliert hatte. Bei Bauern habe sein Vater Aufträge an- und ausstehende Geldbeträge eingenommen.

Ums Geld ging's auch in Beiderbach. Vater habe bei manchen Kunden nicht „Nein" sagen können, erzählt der Greis, er habe Frauen aus dem „Rattenhof", einem sozialen Brennpunkt jener Tage, Ware auf Pump verkauft. Weil sonntags die Geschäfte geschlossen waren, konnte er dann die Schuldnerinnen zu Hause antreffen, und so wurden die 50-Pfennig-Beträge eingetrieben. Freilich oft nicht erfolgreich: „Wenn zehn Frauen Schulden hatten", so Wim, „dann zahlten nur fünf davon zurück." Wims Mutter hat ihren Mann wegen dieser Geschäfte sehr oft ausgeschimpft. Aber auf dem Jahrmarkt in Beiderbach habe man mit Zinkbadewannen immer beste Geschäfte gemacht.

Für einen Mann, der seit Jahren kaum noch einen ganzen Satz gesagt hatte, wurde Wim richtig gesprächig, und seine Erzählungen interessierten: Vom Arbeitsdienst in Lübeck „und noch weiter weg im Osten" wußte er zu berichten, vom Aufstehen um 5, Torfstechen ab 6 Uhr, „alles für die Landgewinnung". Was damals 400 Leute an einem Tag geschafft hätten, das erledige heute eine Maschine an einem halben Tag, befand er. Sein älterer Bruder Heinz, der zu seinen Lebzeiten „Graf" genannt worden war, das sei ein feiner Pinkel gewesen.

Der hätte jeden Donnerstagabend seinen Toilettentag mit Maniküre und Körperpflege gehabt, und viel Streit mit dem Vater. Später, als sich der „Graf" als geschäftlich wenig interessiert und faul zeigte, bewirkte Wim eine Realteilung des mehr oder weniger gemeinsam aufgebauten Geschäfts. Keine Frage, daß er der Klügere war und sich den besten Teil, nämlich den Warenhandel mit Zukunft, nahm und dem „Grafen" ein Geschäft hinterließ, das man heute einen größeren Kramladen nennen würde. Der „Graf" starb recht früh, die vielen dicken Zigarren und seine feine Trägheit waren ihm vielleicht nicht bekommen.

Es ging Wim im Kopf umher, wie und wo er in jungen Jahren in Beiderbach gewohnt hatte. Wie es war, als er nach Linz in Österreich in die Armee eingezogen wurde und als tags drauf sein Vater starb. Dieser Tod hatte ihm sofortigen Heimaturlaub beschert und die Erleichterung, vom Krieg nichts wirklich Schreckliches mitzukriegen, weder Front noch Verwundung.

Wim war seit dem Tod seines Vaters „zur besonderen Verfügung" gewesen und bald dazu auserwählt worden, Nazi-Größen von Termin zu Termin zu chauffieren. Bis heute konnten Wim und Wanda, eine ehemalige Anführerin junger Mädchen in der Hitlerjugend, Abteilung BDM, Bund Deutscher Mädel, dem Nazitreiben viel Ordentliches abgewinnen. Ihr Lieblingshotel im Bayerischen Wald zeichnete sich laut Wim dadurch aus, daß dort überhaupt keine „Neger" beschäftigt seien. Weil ihm nach 1945 eine Kriegsgefangenschaft erspart geblieben war, tummelte sich Wim schon ein paar Jahre dicke in seinen Geschäften, als seine Altersgenossen – wenn überhaupt – endlich nach Hause kamen.

Sind Sie darauf vorbereitet, daß der Umgang mit geistig verwirrten Eltern sehr viel Zeit und gute Nerven erfordert, Zuwendung und vorbehaltlose Liebe?

HALS ÜBER KOPF NACH HAUSE GEHOLT:
Die Mutter setzt sich durch

Eine Woche vor Monatsende erhielt Birgit einen Brief vom Amtsgericht. Darin schrieb Frau Richterin Korp, ohne hausärztliches Attest könne der Antrag auf Kontrollbetreuung nicht weiter verfolgt werden. Hier ging es also nicht um die Frage, ob Wanda sich endlich einmal einer gründlichen fachmedizinischen Untersuchung stellte, sondern es ging um das zweite ungelöste Problem: Wie erreichte Birgit, daß ihre Schwester Uta ihrer Verpflichtung nachkam, die gemeinschaftlich zuerkannte Versorgungsvollmacht gemeinschaftlich auszuüben? Wie sei es zu verhindern, daß Uta alleine und obendrein in verschwörerischem Unsinn mit einer verwirrten Mutter handelte, die ihre älteste Tochter inzwischen abgrundtief haßte? Warum auch immer. Die Rolläden der Fenster, die auf Birgits und Matteos Haus hinausgingen, blieben immer länger herabgelassen. Wanda wußte wahrscheinlich nicht, wofür und für wen das gut war.

Birgit telefonierte mit Richterin Korp und erläuterte, der Hausarzt Dr. Frei sei noch eine Woche im Urlaub. Ok, bis dahin hatte das Amtsgericht den Vorgang ohnehin auf Wiedervorlage gelegt. Wim ging's von Tag zu Tag besser, er wußte immer noch nicht, wo er war, aber er fragte stets danach. Und er wollte heim. Zu Hause aber gab es bislang weder einen Treppenlift noch eine „Polin" noch die notwendige Möblierung mit einem professionellen Pflegebett. Birgit und Matteo durften sich nicht darum kümmern, und Uta nahm aus Österreich nach wie vor keinen Kontakt mit Schwester und Schwager auf – den hatte sie bereits einer Anwältin überlassen. Birgit hatte bei Wanda unverändert Hausverbot.

Nun kam Wandas Autounfall wieder in Erinnerung. Rechtsanwältin Hausmann rief an und bat im Auftrag von Uta um die Rückgabe der von der Polizei bei Birgit und Matteo deponierten Autoschlüssel und Garagentoröffner. Sie wollte wissen, wohin

Matteo das sicherzustellende Schrottfahrzeug, mit dem Wanda ihren Unfall verursacht hatte, gefahren hatte. Warum Uta ihre Schwester nicht anläßlich eines ihrer Besuche nebenan bei den Eltern einmal aufgesucht hatte, um diese Angelegenheit voranzutreiben, blieb mangels Adressaten eine nicht gestellte Frage.

Birgit besprach sich mit Matteo, der daraufhin der Anwältin eine Mail schrieb: Die Autoschlüssel und Garagentoröffner würden gerne, aber könnten nur mit Erlaubnis der Polizei ausgehändigt werden, dasselbe gelte für die Bekanntgabe des Stellplatzes. Es sei eben die Freigabe durch die Polizei erforderlich. Die Aussagen von Wanda, sie werde auch ohne Führerschein Auto fahren, waren noch gut im Ohr, und das intakte Fahrzeug von Wim, baugleich mit Wandas Wagen, stand startbereit in der Doppelgarage der beiden Alten.

24 Stunden später rief die Polizistin Polo bei Matteo an, gab die besagten Gegenstände mündlich frei und erlaubte die informelle Weitergabe des Standortes, an dem Wandas Mercedes aufs Abholen wartete: Es handelte sich um ein Firmengelände, das Wim und Wanda einem Gewerbetreibenden verpachtet und samt großen Hallen zum Bewirtschaften überlassen hatten. Wanda habe unterschrieben, sagte Frau Hausmann, daß sie ihren Führerschein abgebe. Daß sie seit dem Unfall und ihrer Fahrerflucht keinen Lappen mehr hatte und keinen mehr bekommen werde, das mochte Wanda nicht erkennen. Denn sie log ja nie.

Die Anwältin holte die Schlüssel und Öffner bei Birgit ab. Man kannte sich, Mann Hausmann war ebenfalls Anwalt und beriet den örtlichen Haus- und Grundbesitzerverein, und Matteo war von ihm in einer kleinen Wohnungssache schon einmal vortrefflich vertreten worden. Nun also konnte das kaputte Auto in die Werkstatt.

Was aus dem Gefährt wurde, das war Birgit und Matteo nicht bekannt. War auch gleichgültig. Ein Mitarbeiter des Geländepächters hatte das Gefährt schon so kaputt kaufen wollen, wie es war, als Matteo es in die vereinbarte Ecke stellte. Der Pächter hatte das Treffen genutzt, Matteo einmal das Gelände und die Hallen zu zeigen, die er von dessen Schwiegereltern schon über viele Jahre hinweg angemietet hatte: „Eigentlich müßte hier mindestens ein völlig neuer Boden rein", meinte er, und die Flächen müßten völlig anders aufgeteilt werden. Eigentlich wolle man schon immer mal wieder weg, denn im Grunde müßte man die Hallen abreißen und völlig neu bauen, damit man darin wirtschaftlich lagern und arbeiten könne.

Matteo beguckte sich die heruntergekommene Gewerbe-Immobilie. Sie hatte dasselbe Schicksal hinter sich wie Wim und Wandas Einfamilienhaus und manch andere Immobilie, die den beiden noch gehörte. Da war manches vor etlichen Jahren und Jahrzehnten gut aufgebaut worden, und vieles davon würde einmal viel Geld kosten: beim Auskernen oder Abreißen.

Wenige Tage später, Ende des Monats, dann die Überraschung: Ohne gründliche Abstimmung mit dem Hausarzt und dem Pflegeheim, natürlich ohne Rücksprache mit Birgit, holen Uta und Wanda den pflegebedürftigen Wim nach Hause. Sie hatten ihn nicht einmal richtig angezogen; den von Birgit und Matteo besorgten Hausanzug hätten sie wenigstens einsetzen können. So quälte er sich mühsam aus Utas Privat-Pkw und tappte schneckengleich, unvollständig angezogen und ungepflegt wie ein armer Penner ins Haus. Er schaffte kaum die eine Stufe hoch zur Haustüre. Birgit und Matteo schauten von ihrem Haus aus zu, sie bekamen die makabre Szene zufällig mit.

Sind Sie psychologisch darauf vorbereitet, daß unerfreulich handelnde Geschwister, vielleicht sogar mit unredlichen Absichten, ihre Ambitionen auf echte Fürsorge und Vorsorge unterlaufen? Dies vielleicht sogar mit anwaltlicher Unterstützung?

NEUER HANDLUNGSBEDARF:
Der Pflegefall in neuer Gefahr?

Es war Montag. Weil Dr. Frei den ersten Arbeitstag zurück aus dem Urlaub war, waren seine Praxis und sein Terminkalender proppenvoll. Birgit und Matteo konnten deshalb Kopien der Briefe von Amtsrichterin Korp nur an der Rezeption übergeben. Darin wurde um Zusendung hausärztlicher Atteste gebeten, „aus denen sich die Notwendigkeit der rechtlichen Betreuung ergibt". Nur auf der Grundlage solcher Bescheide konnte das Gericht den Antrag auf Kontrollbetreuung bearbeiten, hatte es in dem Gerichtsbrief vom [...] geheißen. Birgit und Matteo baten um Bearbeitung.

Die beiden brachten an der Praxis-Rezeption die Notwendigkeit eines neuerlichen Hausbesuchs bei Wim und Wanda und die rasche Sicherstellung der Versorgung des Vaters mit allen notwendigen Medikamenten ins Gespräch. Derweil machte eine Arzthelferin am Telefon mit Patienten Termine für erst in drei Wochen aus.

In einem anschließend geschriebenen Brief an den Hausarzt und die Kreisverwaltung verwies Birgit darauf, daß die vorzeitige Heimholung des Vaters eine Hals-über-Kopf-Aktion gewesen sei, dilettantisch durchgeführt wurde und nun die medizinische und pflegerische Versorgung von Wim ungewiß bleibe. Ein weiteres Schreiben an das Amtsgericht über die neue Entwicklung hatte diesen Wortlaut:

Herr Dr. Frei hat nach einer Woche Urlaub seine Praxis heute wieder geöffnet.

Kopien Ihrer Schreiben vom [...] habe ich heute früh an der Rezeption der Arztpraxis abgegeben und mit einer Mitarbeiterin besprochen. (Hinweis: Es ging um die ärztlichen Atteste für Wim und Wanda, die zur Bearbeitung des Antrages auf Kontrollbetreuung notwendig waren.)

Die Möglichkeit zum Gespräch mit Herrn Dr. Frei persönlich ergab sich wegen dessen Terminüberlastung leider nicht. (Bis Ende der Woche macht er keine Termine.) Die Reaktion von Herrn Dr. Frei auf Ihre Schreiben mag sich also etwas verzögern.

Ich habe ebenso mit der Arzthelferin die aktuelle Medikamentenversorgung meines Vaters Wim Geiß besprochen, der vergangenen Freitag Hals über Kopf von meiner Mutter Wanda Geiß und meiner Schwester Uta Berg aus der Kurzzeitpflege abtransportiert und nach Hause geholt wurde. Ich war bei einem Kontrollbesuch am Samstag von den Pflegerinnen des Heims darauf aufmerksam gemacht worden, daß meinem Vater nun möglicherweise zwei wichtige Medikamente fehlen. Auch darum will sich die Praxis kümmern; um einen Hausbesuch bei meinen Eltern habe ich dringend gebeten.

Der vorzeitige (und dilettantisch durchgeführte) Rücktransport meines Vaters nach Hause zeigt einmal mehr, wie wichtig eine Kontrollbetreuung ist: Das Vorgehen war mit mir weder besprochen noch abgestimmt. Die Voraussetzungen für eine angemessene medizinische und pflegerische Versorgung meines mehr als nur altersverwirrten Vaters (atrophisches Gehirn) sind wohl derzeit zu Hause nicht gegeben. Ich kann die Lage nicht überprüfen oder gar verbessern, weil sowohl meine demente Mutter als auch meine Schwester, die vorübergehend aus Österreich angereist ist, mich weder informieren noch mit mir kooperieren. Der Zugang zu meinem Vater ist mir nun wieder, da er zu Hause ist, verwehrt. Das ist deshalb unsäglich, weil ich im Hause direkt neben dem Haus meiner Eltern wohne und mit meinem Vater ein herzliches Verhältnis hatte und habe. (Meine Mutter haßt mich abgrundtief, was sicherlich eine Folge ihrer Demenz ist, und meine Schwester spielt da aus mir unbekannten Gründen mit – ich mag da gar nicht erst spekulieren.)

Mehr denn je bin ich auf neutrale Hilfe angewiesen, um die bestmögliche medizinische und pflegerische Versorgung meiner Eltern zu organisieren und zu besorgen.

Zuvor hatten Birgit und Matteo das Pflegeheim besucht, um sich nach den Umständen der vorzeitigen Heimholung von Wim zu erkundigen. Man habe sich gegen Wandas Willen nicht durchsetzen können, hieß es dort, und man war froh, sich der Ehefrau des Patienten Wim entledigt zu haben. Dieser habe von der plötzlichen Heimreise nichts gewußt. Er wollte nun doch noch einige Tage im Heim bleiben, weil zu Hause nichts für ihn vorbereitet sei, hieß es: nach wie vor kein Pflegebett, kein Treppenlift, keine Pflegerin, Medikamente fehlten. Uta und Wanda waren bei der Abholung des alten Mannes davon ausgegangen, Wim könne selbständig laufen. Er konnte es nicht, doch das war den hektischen Damen egal. Hauptsache war doch, daß ab sofort Tochter und Schwester Birgit keinen Zugang mehr zu ihrem Vater hatte. Birgit hatte ihm die bevorstehende Abschottung prophezeit, seine Hoffnung war gewesen: „Das glaube ich nicht. Das wird Wanda nicht machen."

Wo und wie mochten sie nun den armen Kerl lagern, wie zur Toilette bringen, wer würde für ihn kochen, wer würde ihn waschen, wer würde sich mit ihm unterhalten? Uta jedenfalls nicht, am nächsten Morgen war sie schon früh abgereist. Es war Wochenende, bis nach Österreich war es ein weiter Weg. Und Birgit hatte Hausverbot.

Nun verfügte Wim offensichtlich daheim nicht über zwei seiner Medikamente, derer er dringend bedurfte: Pantozol 40 mg und Simvastatin 20 mg. Pantozol wirkte gegen Magensäure, wird bei Entzündungen und Geschwüren im Magen-Darm-Trakt angewendet, Simvastatin senkt den Cholesterinspiegel. Seit wann hatte Wim ein Magengeschwür?

Abends hatten Birgit und eine Freundin ein Abendessen im örtlichen Stamm-Restaurant „Händler". Man unterhielt sich über das Drama mit dementen Eltern. Schnell stellte sich heraus: Birgit war mit ihren Nöten nicht allein – fast unter jedem Dach war ein Ach.

Denken Sie daran, über Ihre Bemühungen zum Wohle zu betreuender Eltern und Schwiegereltern für sich selbst ein genaues Protokoll der Geschehnisse und Aktivitäten zu führen, weil sie sich so vor späteren Vorwürfen und Ansprüchen schützen können?

DER ALTE MANN WIRD ABGESCHOTTET:
Lasst keine guten Menschen um ihn sein

Birgit telefonierte mit Toni, dem Lebenspartner von Martha, der Nichte von Wim. Beide wohnten in Beiderbach. Auch sie hatten keine Informationen über den Gesundheitszustand von Wim. Sie wußten nicht einmal, daß er wieder zu Hause war. Sie hatten sich vielmehr vorgenommen, gemeinsam mit Lisa, der gehbehinderten älteren Schwester von Wim, diesen am kommenden Montag in der Kurzzeitpflege zu besuchen. Nun erfuhren sie von Birgit, daß Wim infolge eines konspirativen Verfrachtungsvorgangs wieder daheim und dort in ungewisser Lage war. Wim dort zu besuchen, das trauten sich Toni, etwa 65 Jahre alt, die etwa gleich alte Martha und die 99jährige Schwester von Wim nicht zu. Sie fürchteten das abweisende Geschrei von Wanda, sofern diese oder Uta ihnen überhaupt die Türe einen Spaltbreit öffnen würden.

Wie ernst die Lage war, wußten Birgit und Matteo nicht: Von den Eltern und ihrer häuslichen Situation abgeschnitten, konnten sie trotz der räumlichen Nähe weder kontrollieren noch organisieren oder gar selber helfen. Es hatte für sie zu diesem Zeitpunkt eine hohe Wahrscheinlichkeit, daß es nebenan für Wim und Wanda weder eine pflegerische noch eine medizinische Versorgung gab, kein richtiges Essen und für Wim keine ordentliche Hygiene. Wanda konnte und wollte nicht kochen, sie war körperlich und geistig zu schwach, um als Pflegerinnenersatz bei Wim irgendwie und irgendwo Hand anzulegen. Uta machte sich mit Sicherheit die Finger nicht schmutzig. Jedenfalls nicht so direkt, allenfalls in finanziellen Angelegenheiten. Birgit und Matteo fragten sich, wie es nebenan so zugehen mochte, ohne Treppenlift, ohne Pflegebett, ohne Sinn und Verstand. Der Brief ans Amtsgericht fiel mittags in den Briefkasten.

Ist in den Ihnen übergebenen Vollmachten das ungehinderte Besuchsrecht geregelt, damit Sie Ihre die Eltern und Schwiegereltern auch dann sehen können, wenn einer der Alten beginnt, Ihre Besuche unterbinden zu wollen?

UNVERHOFFT KOMMT OFT:
Die „Polin" ist da

Nachmittags gab es Neues: Weil Wanda und Uta weiterhin jeden Kontakt mit Birgit mieden und unmöglich machten, mußten sich Birgit und Matteo nun der „Putzfrauen-Connection" bedienen. Ellen war Birgits Reinmachefrau, eine Brasilianerin mit Stolz auf ihren frischen deutschen Paß, und nebenan machte Christa aus Thailand alles sauber. Die beiden hatten gemeinsame Freunde, tauschten sich schon mal aus, etwa wenn sie sich zum Putzlappenausschütteln in den Vorgärten trafen, und sie telefonierten abends zuweilen miteinander. Letzteres vor allem dann, wenn Wanda wieder frech und unverschämt gegenüber Christa gewesen war und Letztere sich aussprechen mußte. Jetzt würden sie häufiger miteinander reden, denn es gab viel zu berichten. Da war es mit dem Weitersagen an Birgit nicht mehr weit.

So traf es sich an diesem Nachmittag. Christa meldete Ellen, daß bei Wim und Wanda eine „Polin" eingetroffen sei. Es handele sich um eine nette Frau, studierte Psychologin und erfahrene Pflegerin. Sie sollte bereits seit Samstag im Hause sein, und seitdem war Uta nicht mehr gesehen worden. Sie war so überstürzt wie möglich zurück nach Österreich geflüchtet.

Die „Polin", von der niemand wußte, ob sie wirklich polnischer Herkunft war, hatte nebenan schon nach einem eigenen Fernseher gefragt und nach Zugang zu Programmen ihrer Landessprache. Beides wurde spontan verwehrt. Wanda: „Hier wird nur geguckt, was ich will." Dann hatte die „Polin" der Wanda eine lange Einkaufsliste gemacht, damit endlich Essensvorräte ins Haus kämen: „Von Brot alleine kann ich mich nicht ernähren." Ihr Deutsch war fließend.

Außerdem sei sie für Wim da. Christa hatte daraufhin – natürlich in ihrem eigenen Wagen und auf eigene Kosten – Wanda in den riesigen Lebensmittelladen von Beiderbach gefahren und die Liste des zu Besorgenden so gut wie möglich von

Wanda abarbeiten lassen. Gekauft wurden die Dinge, wenn überhaupt, nur in kleinsten Mengen, für den Tagesbedarf von heute bis morgen. Das Traumjoghurt der „Polin" und andere Einkaufswünsche wurden gestrichen: „So etwas essen wir nicht", war Wandas Einwand. Die von Christa informierte Ellen berichtete dergleichen zügig an Birgit. Die Solidarität von Reinemachefrauen, Zugehfrauen und Haushaltshilfen mit seriösen Arbeitgebern wird von dümmlich agierenden Herrschaften offensichtlich unterschätzt. Als Wochen zuvor Wanda der Zugehfrau ihrer Tochter im Vorgarten unvermittelt eine Armbanduhr hatte schenken wollen, hatte Ellen deutlich dankend abgelehnt: Sollte das ein Bestechungsversuch sein? Klug war Wanda noch nie gewesen.

Dank der „Polin" hatte Christa, die schon seit je unter der Wesensart der Chefin litt, nun etwas Oberwasser bekommen. Sie war mit ihren Erlebnissen von wandalischer Arroganz, Dummheit und Frechheit, Irrsinn und Lüge nun nicht mehr alleine. Warum sie nicht längst die Flinte ins Korn geworfen und Wanda ad acta gelegt hatte, mochte mit tatsächlichem Geldmangel und subjektiv empfundener Alternativlosigkeit zu tun haben. Verstehen konnte das niemand.

Die zweite Frau im Haus gab ihr nun die Kraft für einen ersten laut krachenden Streit mit Wanda im Lebensmittelgeschäft. Da würden weitere folgen. Wanda meinte, die „Polin" sei zum Putzen gekommen. Da hatte Wanda weit gefehlt: „Ich habe studiert, und ich bin nur für die Betreuung und für das leibliche Wohl des Mannes zuständig." Also eine gute Nachricht für die putzende Christa: Sie mußte bleiben.

Die „Polin" hatte angeblich sofort erkannt, daß Wanda nicht nur dement, sondern womöglich unterernährt oder eßgestört war – aber leiden würde Wanda nicht, denn sie sagte ja jedem, daß sie absolut gesund sei und keine Beschwerden habe. Ärztliche Untersuchungen, nicht nur die auf ihren Geisteszustand, hatte sie stets verweigert. Das galt auch für simple Blutentnahmen: „Mein Blut bekommt keiner!"

Haben Sie sich über die rechtlichen und sozialen Probleme einer Pflegekraft informiert? Kennen Sie seriöse Adressen, die Ihnen kompetente und liebevolle Pflegekräfte vermitteln?

GEHEIME KOMMANDOSACHE:
Keine darf hinter die Kulissen schauen

Wer Wanda ansah, erschrak. Wanda tat den Leuten zunächst einmal leid: gebeugter, zittriger 1,60 Meter kleiner Körper, vielleicht mal hager-magere 45 Kilo Gewicht, weiße halblange Haare, mühsam langsamer Gang, schlimm verzerrtes, böses Gesicht. Nur noch zu toppen, wenn Schimpfwörter in Fäkalsprache aus ihrem Mund sprudelten. Was normal bei ihr war. Wanda aber ging in ihren eigenen Augen stolz und gerade, konnte alles, und ihr Kopfputz war blond. Niemand hatte ihr jemals im Leben einen ehrlichen Spiegel vorgehalten, nicht einmal im übertragenen Sinn. Allenfalls gelegentlich Birgit, wenn es ihr zu bunt wurde: „Mutter, jetzt hast du mich angelogen." Das mochte der Grund des wachsenden Hasses gewesen sein. War es eigentlich für eine Frau gesund, bis ins höchste Alter Pillen zu schlucken, damit die Regel regelmäßig alle 28 Tage kam?

Eingetroffen waren, so erfuhren Birgit und Matteo an diesem Tage, inzwischen die Bauteile für den Treppenlift, der das Erdgeschoß des elterlichen Hauses mit der ersten Etage verbinden sollte. Wo mochte Wim derweil liegen? Mal schauen, ob die „Polin" noch unterm Dach und im Fach war, wenn das Fahrgerät endlich im Treppenhaus montiert war und funktionierte. Uta jedenfalls hatte Christa aufgetragen, alles dafür zu tun, daß die „Polin" nicht gleich wieder von Wanda weg das Weite suche: „Christa, sorgen Sie dafür, daß meine Mutter sich mit der Polin versteht, sonst muß mein Vater ins Heim."

Vielleicht wahr, aber jedenfalls mußte dann Wanda verläßlich untergebracht werden. Daß Birgit und Matteo seit Jahren mit der alten, lebensbejahenden und herzlichen Inhaberin des Treppenliftherstellers eng befreundet waren und auf diese Weise ganz rasch zu einem Lift gekommen wären, war niemandem zu vermitteln: Irgendwie gut, daß Wim das nicht wußte. Birgit hatte es ihm im Pflegeheim erzählt, aber er hatte es dann nicht weitergesagt: Seine Angst vor Wanda machte ihn stumm.

Daß eine ihrer Töchter samt Mann im Haus nebenan wohnte, davon sagten Wanda, Wim und Uta der Pflegekraft nichts. Geschweige denn wurden die drei einander vorgestellt. Inzwischen wußte die „Polin" aber von Christa, daß nebenan „noch eine Tochter" des Ehepaars Wim und Wanda wohnte. Die Botschaft von Birgit, die „Polin" möge sich doch so schnell wie möglich bei Birgit einmal zeigen, war via Ellen unterwegs. Da standen interessante Gespräche ins Haus. Bis dahin würde es nicht lange dauern. So dachte Birgit, doch sie dachte falsch.

Matteo rief morgens Karlchen März an, den zuständigen Sachbearbeiter bei der Kreisverwaltung. Der Schwiegersohn wollte sich nach dem „Sachstand Wim" erkundigen. Der gute Mann vom Amt wußte zunächst gar nicht, wovon die Rede war. Nach Hinweis auf einen Brief von Matteo an ihn samt Datumsangabe erinnerte er sich schrittweise. „Ja, Dr. Frei hat einen Rückzieher gemacht", war die Kernbotschaft. Es gebe bei Wanda zwar keine Erkrankungseinsicht, und Eigen- und Fremdgefährdung sei nicht auszuschließen, aber eigentlich sei das doch eine Familienstreitigkeit.

Altersverwirrtheit als Familienstreit. Das mußte man sich auf der Zunge zergehen lassen.

Wanda habe sich eine Anwältin genommen. Den Kontakt hatte mit Sicherheit Uta besorgt, und sie würde in ihrer unverantwortlichen Art auf Dr. Frei eingeredet haben. Für Fremde mußte sie irgend etwas Glaubwürdiges haben, dieses verlinkte Wesen.

Die Anwältin war Birgit und Matteo bekannt, war es doch dieselbe liebe Frau, die sich auf Utas Betreiben um die professionelle Freigabe der bei Birgit und Matteo polizeilich sichergestellten Auto- und Garagenschlüssel gekümmert hatte. Birgits Schwester hätte sich selber bemühen können, aber sie traute sich einen Augenkontakt mit Birgit nicht mehr zu: Das übers Leben hinweg immer längere Sündenregister der angeheirateten Österreicherin war einfach zu umfassend. Seriosität war ihr das Fremdwort, das es ist. Ihr erster Mann, von Uta gehörnt, ausgenommen und lächerlich gemacht, hatte sich vor vielen Jahren das Leben genommen, aber das war längst nicht alles.

Zu einer fachmedizinischen Untersuchung von Wanda würde es also jedenfalls nun doch nicht kommen. Matteo interpretierte Karlchen März: Da müsse mehr passieren als das, was bisher geschehen sei. Daß der Einsatz der „Polin" Teil des Nachweises war, daß Wanda nicht mehr Herr ihrer Lage war, fiel nicht ins Gewicht. Birgit und Matteo sollten Herrn März anrufen, wenn es Neues gebe. Na dann waren doch die beiden Besorgten aus der Nummer „unterlassene Hilfeleistung", mit Strafandrohung bis zu einem Jahr Freiheitsentzug, zunächst einmal raus.

Ist in Ihren Vollmachten zugesagt, daß diese auch für Ausgestaltung der Verträge mit Pflegekräften und für die Gestaltung der Arbeit gelten?

WENN ALLE HOFFNUNG SCHWINDET:
Jede Hilfe wird verweigert

Aus dem Bemühen um eine Kontrollbetreuung würde nach neuer Erkenntnis nichts werden, wenn der Hausarzt Dr. Frei ebenfalls gegenüber der Amtsrichterin kniff. Wie aber konnte Birgit erreichen, wieder ohne Krampf und rhetorischen Kampf ins Haus ihrer Eltern zu gelangen und dort nach dem Rechten zu sehen? Wie es ihrem Vater ging, wie der Mutter? Arbeitete die „Polin" liebevoll, korrekt und professionell? Sollte Birgit sich das Zugangsrecht erstreiten? So lange Wanda aber nicht fachärztlich für dement erklärt war, hatte die Alte Hausrecht, und da gab es dann nichts zu erstreiten. So blieben Wim und Wanda in ihrem verwirrten Zustand allein mit einer wildfremden Ganztagshilfe, die rundum unkontrolliert war, allenfalls von einer Putzhilfe beobachtet. Vielleicht sollte Birgit sich von der Anwältin ihrer Mutter schriftlich bestätigen lassen, daß Besuche im Elternhaus und damit der weitere Kontakt mit dem Vater untersagt waren. Für alle Fälle künftiger Vorwürfe, sie habe sich nicht um ihre Eltern gekümmert.

Zwei Tage später wollte Birgits Tochter Regine zu Besuch kommen. Sie würde natürlich nach „nebenan" gehen, um Oma und Opa zu besuchen. Die Enkelin, Mutter zweier kleiner Töchter, hatte noch kein Hausverbot, und sie würde nach ihrem Abstecher zu den Großeltern ihrer Mutter Birgit berichten, was im „Biotop der Bekloppten" so abging. Und dann stand hoffentlich noch der baldige direkte Kontakt von „Polin" und Birgit ins Haus. Notgedrungen unter Umgehung von Wanda.

Mittags rief Frau Champion von der Diakonie bei Matteo an, um sich nach dem aktuellen Sachstand zu erkundigen. Der schilderte den Status quo und erzählte damit der Praxisfrau nichts Verblüffendes: „Das habe ich gewußt", meinte sie. „Wenn es ernst wird mit fachärztlicher Untersuchung, Betreuung, oder gar Einweisung in ein Heim, dann kneifen alle", wiederholte sie. Und sie hatte recht: Die Kranken blieben mit ihrem Verwirrtsein genauso alleine wie die, die sich vernünftig um die Verwirrten bemühen wollten. Die private Vorsorgevollmacht, ob notariell beglaubigt oder nicht, war offenbar tatsächlich von Übel, weil sie den Staat und seine Behörden von der Fürsorge für seine Bürger befreite und dafür sorgte, daß der Sorge um das Wohl der Betroffenen nicht in der notwendigen Form abgeholfen werden konnte.

Tage später traf bei Birgit ein Brief von Dr. Frei ein. Sein Wortlaut (schludrige Grammatik inklusive):

„Betr.: Ärztliche Bescheinigungen für Ihre Eltern […]
Sehr geehrte Frau […],
den von Ihnen gewünschten Bescheinigungen für das Amtsgericht kann ich so nicht ausstellen, da aus meiner Warte die Voraussetzungen für eine rechtliche Betreuung nicht erfüllt sind."

Das war dann doch eine heftige Überraschung: ein ärztliches Nicht-Attest oder Doch-Attest ohne vorherige Untersuchung! Und das im absoluten Widerspruch zu früher gemachten Äußerungen. So las es sich, wenn Ärzte hektisch ihre Schwänze einzogen. Birgit beschloß, sich zurückzuziehen. Sie hatte ihre Schuldigkeit getan. Sie und Matteo konnten nur noch zusehen. Daß sie zu diesem Zeitpunkt bereits notariell zum Wegsehen verdonnert waren, wußten sie noch nicht.

Haben Sie die Unmöglichkeit einer staatlichen Betreuung bei Vorlage von privaten Vollmachten mit den Eltern, Schwiegereltern und den eventuell vorhandenen gleichberechtigten Geschwistern bis zu einem befriedigenden Ergebnis durchgesprochen? Haben Sie die Möglichkeit der Kontrollbetreuung zu Ende diskutiert?

DIE DINGE NEHMEN IHREN LAUF:
„Die Polin" hat die Nase voll

Über die Informationskette der Zugehfrauen Christa und Ellen drang die Nachricht durch, daß die „Polin" nicht lange bleiben werde, „wenn das so weitergeht". Es ging „so weiter": Wanda wollte der „Polin" angeblich kein Essen kaufen, die „Polin" ging mit knurrendem Magen ins Bett. Gekauft wurden Lebensmittel tatsächlich in kleinsten Mengen, etwa zwei Becher Joghurt und drei kleine Konservendosen. Und Kartoffeln, „denn davon ernähren sich die Polen". Salatöl war verboten, die „Polin" erwärmte Butter, um ein Dressing daraus zu machen. Es sollte noch schlimmer kommen.

Martha, Wims Nichte, telefonierte mit Wanda. Martha war die Tochter von Wims älterem verstorbenen Bruder „Graf". Wim selbst ging nie ans Telefon – früher aus Desinteresse und Bequemlichkeit, nun zudem aus Gründen eingeschränkter Mobilität. Und schwerhörig war er ja auch. Martha, Typ „nette Kümmerin" der intensiven und eher naiven Art, kündigte an, sie wolle mit Wims älterer Schwester Lisa nun doch wieder einmal vorbeischauen, so wie vor Wochen im Krankenhaus. Damals hatte Wanda dem Besuch der Rollstuhl fahrenden Dame nach wenigen Minuten ein barsches Ende gesetzt.

Vor allem natürlich wolle Lisa ihren sieben Jahre jüngeren Bruder besuchen und nachschauen, wie es dem 92jährigen ging. Wanda wimmelte den Wunsch ab und berichtete, wie wunderbar es mit der „Polin" sei. Sie seien allesamt bestens versorgt. Und nun müsse sie die Haustür zuschließen. Die Lügnerin legte auf.

Martha und Lisa hätten es nicht weit gehabt, sie wohnten beide im Beiderbach.

An diesem Tag erhielt Birgit die Rechnung des Pflegeheims. Sie hatte ja damals den Unterbringungsvertrag unterschrieben, weil

Wanda sich nicht darum gekümmert hatte. Birgit rief die Verwaltung des Heims an. Sie bekäme den Betrag von ihrer Mutter nicht erstattet, wenn sie diese Rechnung nun begleichen würde. Im persönlichen Gespräch sicherte das Pflegeheim dann zu, die Rechnung erneut zu versenden, diesmal an Wanda: „Wenn es mit der Probleme gibt, kommen wir damit schon klar. Wir haben Anwälte", hieß es.

Birgits Tochter Regine kam wieder einmal zu Besuch. Sie besuchte Oma und Opa im Haus nebenan und kam nach einer schweren Stunde entsetzt zurück: „Opa ist brainwashed", sagte sie. Birgit sei „an allem schuld", sie habe ihn ins Altenheim bringen wollen, hieß es vom alten Mann. Birgit habe Wanda Auto und Führerschein weggenommen. Matteo habe die Frechheit gehabt, beim Abstellen des kaputten Autos auf dem verpachteten Firmengelände den Pächter zu fragen, wieviel Pacht er monatlich zahle. Wanda hatte sich ihr Leben schon immer zurechtgelogen, nun hatte sie ihren Gatten endgültig von sich und ihren Phantasien überzeugt. Oder auch nicht, denn er hatte ja Angst vor ihr, offenbar elementare Existenzangst.

Birgit und Matteo berichteten dosiert bei Bekannten, was sich abspielte. Sie erfuhren dabei, wie weit verbreitet der Irrsinn ist, zu dem alte Eltern und, im Schatten der Verwirrtheit der Altvorderen, hemmungslose Angehörige fähig sind:

Da waren zum Beispiel die wenig tröstlichen vergleichbaren Erfahrungen einer früheren Bankangestellten, die von Wanda über Jahre hinweg ins Schwitzen gebracht worden war. Es war die, mit der Birgit ihren Vater im Pflegeheim besucht hatte, um eine begrenzte Bankvollmacht unterschrieben zu bekommen: Da zog also die eigene Mutter zur anderen Tochter, zur Schwester der Bankiersfrau, und die neue Nähe endete in einer emotionalen Katastrophe: Blanker Haß statt Mutterglück beherrschte bald das Haus.

Eine Unternehmerin, deren Firma Birgits und Matteos Gärten regelmäßig zurechtstutzte, erzählte von einer Kundin, deren alte Eltern mit Tochter und Mann im Haus nebenan wohnten, so wie Birgit und Matteo mit Wanda und Wim: Die jüngeren beiden verkauften am Ende ihr Haus, nur um nicht mehr die Nähe zu den böse gewordenen Eltern ertragen zu müssen.

In eigener Weise mobil waren die Eltern eines jungen, mit Birgit und Matteo befreundeten Ehepaares in Beiderbach: Die Alten wechselten die Straßenseite, wenn sie ihren Sohn, einen Anwalt, ihre Schwiegertochter oder die Enkelkinder, bestens erzogene kleine Zwillingsbrüder, auf dem gleichen Bürgersteig auf sich zukommen sahen.

Birgits Hausarzt konstatierte: Er habe bei seinen Hausbesuchen sehr oft Einblick in Lebenssituationen, in denen alte Kinder ihre alten Eltern und Schwiegereltern im gleichen Haus versorgten: „Da sind dann nicht die Pflegebedürftigen meine Patienten, sondern die pflegenden Angehörigen."

Regine kam in der Straßenbahn mit einem älteren Herrn ins Gespräch. Er war auf dem Weg zum Gericht, um das von seiner verstorbenen Mutter den Ur-Enkeln zugedachte Geld vor dem Zugriff der Stiefmutter zu bewahren. Unterm Mantel lugte sein T-Shirt hervor: „Ich liebe meine Enkel", stand dort geschrieben.

Was Birgit und Matteo mehr und mehr erfuhren, das war die Tatsache, daß altgewordene Eltern offensichtlich um so aggressiver und gehässiger zu ihren erwachsenen Kindern wurden, je näher dran diese an den Alten wohnten. Eine aus Kasachstan ausgewanderte Deutschrussin brachte den Rat mit nach Beiderbach: „Wohne so weit weg von deinen Eltern, daß du gerade noch den Kaminrauch des elterlichen Hauses sehen kannst. Näher wohne nicht."

Birgit schrieb einen Brief an das Amtsgericht in Person von Frau Korp:

Mit Schreiben vom [...] hat mir nun Herr Dr. Frei mitgeteilt, daß er „die gewünschten Bescheinigungen für das Amtsgericht so nicht ausstellen" könne, da aus seiner Warte die Voraussetzungen für eine rechtliche Betreuung nicht erfüllt seien.

Ich bin nun nach den einschlägigen Erfahrungen und bereits geschilderten Vorfällen nicht der Ansicht, daß frühere Einschätzungen von Herrn Dr. Frei und die Einschätzungen von Herrn Professor Dr. Bildhauer (Krankenhaus), wie sie mir von beiden Herren mündlich dargestellt wurden, voreilig gewesen sind. Die bereits erwiesene „Eigen- und Fremdgefährdung" wird, so fürchte ich, für meine Eltern nicht geringer werden: Eine aggressionsmindernde medikamentöse Behandlung meiner Mutter ist nun wohl nicht mehr durchsetzbar.

Da mir durch meine Mutter der Zugang zum benachbarten elterlichen Haus verwehrt ist, kann ich die dortigen Zustände nicht supervisionieren. Die ins Haus geholte Pflegekraft ist mir persönlich nicht bekannt.

Ich denke, alles versucht zu haben, für das Wohl meines Vaters und meiner Mutter zu sorgen und damit, so gut es mir möglich war, meiner Vollmacht zu entsprechen. Weitere Möglichkeiten, zu helfen, sehe ich angesichts des Verhaltens meiner ebenfalls bevollmächtigten Schwester nicht.

Ich muß nun den Dingen offensichtlich ihren Lauf lassen.

Regine rief ihre Oma an. Die Alte war sehr kurz angebunden und wies Regine ab. Sie hätte ihr zumindest sagen können, daß es dem geliebten Opa wieder deutlich besser gehe. Offenbar wurde Regine nun vollends in Sippenhaft genommen. Für das Enkelkind war klar, daß Tante Uta einen guten Teil zum abstoßenden Verhalten der Alten beitrug: „Uta hetzt die beiden auf", konstatierte sie. Ein stattliches Erbe, obwohl es durch Wandas jahrelanges Mißmanagement weniger geworden sein mochte, lockte die „Österreicherin" hinterm Ofen hervor.

Wissen Sie Ihre Kräfte richtig einzuschätzen, wenn es bei der Fürsorge für Eltern und Schwierigkeiten zu unerfreulichen Einwirkungen durch Dritte kommt? Wissen Sie, wer Ihnen dann helfen oder Sie zumindest beraten kann?

OHNMACHT STATT VOLLMACHT:
Böse Eltern tun nichts Gutes

Regine beschloß, ihre Oma bei nächster Gelegenheit nochmals persönlich aufzusuchen und ihr die Schlüsselfrage zu stellen: „Bist du so, weil Uta dich aufhetzt, oder bist du wirklich bekloppt?" Sie wußte, daß sie damit vorweggenommene Schenkungen, zum Beispiel ein Hotel im Salzburger Land, gefährdete. Aber das war in die Jahre gekommen, versifft, sanierungsbedürftig und obendrein von Wanda zu billig an den Falschen verpachtet.

Birgit hatte nach wie vor keinen direkten Kontakt mit nebenan. Sieben Wochen waren seit der Einlieferung des Notfallpatienten Wim vergangen. Über die Haushaltshilfen kamen neue Nachrichten zum Mobbing, dessen sich Wanda gegen die „Polin" befleißigte: Die Pflegerin wollte ein paar Äpfel haben, Haushaltshilfe Christa hatte ihr schließlich von eigenem Geld welche gekauft und geschenkt. Wim schlug mit der Faust auf den Tisch und schob der Polin beim Abendessen etwas Fisch auf den Teller. Donnerwetter! Wim war wütend auf Wanda. Wanda protestierte: „Den Fisch habe ich für dich gekauft! Die kann Kartoffel essen." Die „Polin" hatte abgenommen. Sie brauchte Seife, sie bekam von Wanda keine. Christa half wieder aus, wieder mit eigenem Geld. Wo sie doch ohnehin unterbezahlt war mit 9 Euro die Stunde. Sie fuhr ihre Chefin unbezahlt in der Stadt umher. Die „Polin" hatte nun einen Namen, sie hieß Tina.

Tina hatte keine Freizeit, durfte nicht spazierengehen. Sie durfte ihre Wäsche nicht mit Wandas Waschmaschine waschen. Wanda: „Wasch mit der Hand, das macht ihr in Polen doch auch so."

Tina sagte, bei Wim könne sie sein Leben lang bleiben, bei Wanda keine Stunde mehr. Sie wollte sofort aufhören. Da die Chefin ihrer Agentur in Urlaub war, müsse sie aber bis zum Monatsende bleiben, länger ginge keinesfalls. Birgit wollte immer noch Tina kennenlernen, doch ein Treffen kam nicht zustande: Wanda hatte ihrer „Polin" jeden Kontakt mit der Tochter von nebenan verboten. Birgits Haushaltshilfe Ellen sagte: „Wanda ist eine Hexe, sie hält Tina wie eine Sklavin."

Zwei Tage drauf schrieb Birgit diesen Brief an Frau Korp, Richterin am Amtsgericht von Beiderbach, und setzte Hausarzt Dr. Frei in Kopie, ebenso das örtliche diakonische Werk in Person von Frau Champion und Frau Polo von der Polizeidienststelle der Stadt.

Leider kann ich, entgegen den Ankündigung in meinem Schreiben [...], den Dingen im Hause meiner Eltern angesichts neuer Informationen nun doch nicht ihren Lauf lassen. Jedenfalls versuche ich mit diesem Brief erneut, mich für das Wohl meiner Eltern einzusetzen.

Mit Ihnen setze ich Herrn Dr. med. Frei, Herrn März von der Kreisverwaltung, Frau Champion vom diakonischen Werk Beiderbach und der Polizeibeamtin Frau Polo von der Polizeidienststelle Beiderbach über die aktuellen Entwicklungen in Kenntnis. Die Informationen stammen von der Haushaltshilfe, die werktags vormittags im Hause meiner Eltern putzt. Sie hat diese Informationen wiederholt an meine Haushaltshilfe weitergegeben, diese hat mich dann unterrichtet. Der polnischen Haushaltshilfe habe ich daraufhin über diese Informationskette meine Bitte zugeleitet, mich doch einmal anzurufen und ein persönliches Gespräch in meinem Hause nebenan zu vereinbaren. Diese Bitte blieb unbeantwortet. Meine Mutter hat angeblich der Pflegekraft jeden Kontakt zu mir verboten.

Die polnische Pflegekraft, sie heißt mit Vornamen Tina, hat angekündigt, die Stelle bei meinen Eltern spätestens zum Monatsende zu verlassen, am liebsten aber sofort. Sie sieht sich freilich wirtschaftlich abhängig von der Agentur, von der sie vermittelt wurde, und sie hat wohl große Angst vor meiner Mutter. (Der Name der Agentur ist mir nicht bekannt.)

Die derzeit herrschenden Umstände im Hause meiner Eltern werden mir als unsäglich beschrieben. Da Allgemeinheiten nicht weiterhelfen, nenne ich die mir genannten Beispiele. Ich gebe sie notgedrungen ungeschützt weiter: Der Zutritt zum elterlichen Haus ist mir wie anderen Verwandten, etwa der älteren Schwester, 99, meines Vaters, nach wie vor verwehrt.

Die polnische Pflegerin wird demnach, der Vergleich darf anklingen, von meiner Mutter offenbar wie eine Art „Sklavin" gehalten: Sie

- *bekommt nichts Richtiges und zu wenig zu essen (mein Vater schiebt ihr z. B. Fisch von seinem Teller zu, wogegen meine Mutter schreiend protestiert, für „die" seien doch genug Kartoffeln da).*
- *hat angeblich bereits deutlich an Gewicht verloren, die Haushaltshilfe hat ihr angesichts der Not einmal drei Äpfel gekauft und geschenkt,*
- *hat keine Freizeit, geschweige denn darf sie nach draußen, etwa für einen Spaziergang,*
- *darf ihre Wäsche nicht mit der Waschmaschine waschen, sondern muß sie per Hand waschen – das mache man in Polen doch auch so, soll meine Mutter bestimmt haben,*
- *ist es nicht erlaubt, für sich Seife zum Waschen kaufen. Die Haushaltshilfe hat ihr dann welche gekauft und geschenkt.*
- *weint viel und ist völlig verschüchtert.*

Wenn nun die polnische Pflegekraft das Haus meiner Eltern verläßt und sich kein dauerhafter Ersatz findet, ist mein kraftloser und altersverwirrter Vater dem Unvermögen meiner Mutter wieder alleine überlassen. Angeblich gibt es nun ein Gespräch zwischen der Agentur und meiner Mutter, Ausgang ungewiß. Ich muß aber davon ausgehen, daß meine Mutter auch jede andere Pflegekraft „mobben" wird, um wieder alleine über Wohl und Wehe meines Vaters bestimmen zu können. Damit ist die Möglichkeit der lebensbedrohenden Fremdgefährdung erneut gegeben, und es wäre unverantwortlich, diesen Zustand zuzulassen. Wird er zugelassen, so sehe ich künftig keine Möglichkeit, meinen 92jährigen Vater noch einmal aus einer solchen Verelendung herausholen zu lassen, wie dies Ende [...] gerade noch einmal möglich war: Herr Dr. med. Frei und Prof. Dr. Bildhauer wissen um den Zustand, in dem mein Vater damals war.

Ich appelliere nun nochmals an Sie alle, die Einfluß nehmen können,

- *meine Mutter einer fachärztlichen Untersuchung zuzuführen und medikamentös so einstellen zu lassen, daß sie trotz ihrer Verwirrtheit ihre Aggressionen wahrnimmt und beherrscht und das Wohl meines Va-*

ters – und ihr eigenes – nicht gefährdet. (Anmerkung: Die Unterstellung, es handle sich hier um einen Familienstreit und/oder es gehe mir darum, meine Mutter in ein Heim für geistig Verwirrte geben lassen zu wollen, weise ich mit Nachdruck zurück. Das eigenmächtige Handeln meiner Schwester im Zusammenhang mit den Altersproblemen meiner Eltern bedaure ich, mehr nicht. Daß meine Mutter ehrenrührige Unwahrheiten über mich und meinen Mann verbreitet, ist mir bekannt. Wir lassen diese Lügen angesichts der auch von Laien erkennbaren krankhaften geistigen Verfassung meiner Mutter aber auf sich beruhen.)

- *die Notwendigkeit der Gebrauchmachung der gemeinschaftlichen Vollmacht für meine Schwester und mich festzustellen und uns eine Kontrollbetreuung zur Seite zu stellen, die für eine professionelle und seriöse Betreuung meiner Eltern mit Sorge trägt. (Anmerkung: Diese Kontrollbetreuung ist m. E. deshalb zwingend erforderlich, weil meine in Österreich wohnende Schwester bei ihren Kurzbesuchen in Beiderbach eigenmächtige und nicht zielführende Entscheidungen trifft oder herbeiführt. Sie nimmt keinerlei Kontakt mit mir auf, läßt die wiederholten Forderungen nach Kontaktaufnahme und Zusammenarbeit unbeantwortet und hat bislang nicht bewiesen, daß sie – aus persönlichen wie aus logistischen Gründen – die anstehenden Aufgaben zum Wohle meiner Eltern alleine zu lösen vermag. Einvernehmen mit meiner Schwester wird nur mit Hilfe einer neutralen Kompetenz zu erzielen sein.)*

Vom 2. bis zum 14. […] bin ich mit meinem Mann verreist, aber über E-Mail […] und per Telefon […] erreichbar.

Dieser Brief erreichte mit Sicherheit Uta und anschließend Wandas Anwältin. Diese telefonierte daraufhin wohl mit ihrer Klientin, und Uta telefonierte mit Richterin Korp. Uta sprach dann offenbar mit Wim und dieser mit Wanda. Man konnte sich vorstellen, was da angesichts Verwirrtheit und intellektuellem Mangel an unflätiger Rhetorik und Fäkalsprache durch den Raum geschrien wurde.

Kennen Sie den Vorwurf des „Groben Undanks", der Ihnen im Erbfalle und bei vollzogenen Schenkungen erhebliche Probleme bereiten kann?

AUS DEM BETT DIE TREPPE HOCH:
Besuch mit Hindernissen

Nun blieb Tina, die „Polin", tatsächlich noch 14 Tage länger. Was danach geschehen würde, war ungewiß. Tina: „Wenn ich's bislang ausgehalten habe, schaffe ich die zwei Wochen auch noch." Anderenfalls hätte es Probleme mit der Agentur wegen der Gehaltszahlung gegeben. Was Birgits mehrfachen Wunsch nach Wandas Gesundheitscheck betraf, der ursprünglich von Dr. Frei unterstützt worden war, so wußte Wanda: „Wenn sich einer untersuchen lassen sollte, dann ist das meine Tochter Birgit." Utas frühe Bitte an die Haushälterin Christa stand im Raum: „Sieh zu, daß Wanda sich gegenüber der Polin benimmt, sonst muß Wim ins Heim."

Wim hatte in besseren Zeiten wöchentlich einmal seine ältere Schwester Lisa besucht, deren Besuche bei ihm von Wanda verhindert worden waren. Auch die Besuche Wims bei seiner Schwester hatte Wanda nie gerne gesehen. Wim hatte es stets heimlich getan. Die fast 100jährige wohnte im Unterdorf von Beiderbach in einem alten Haus. In einem abbruchreifen Haus, wenn man genau hinsah. Früher konnte Wim noch selber so einigermaßen seinen Wagen fahren, nun mußte Haushälterin Christa mit ihrem eigenen Wagen Fahrdienste leisten. Freilich nicht lange mehr. Nach all den Wochen erzwungener Abstinenz war es nun einmal wieder soweit. Wim wollte zu Lisa, aber diesmal mußte Wanda im Schlepptau mit: Sie gab ihrem Mann „zwanzig Minuten" bei Lisa, dann würde sie ihn wieder abholen. Christa würde sie in der Zwischenzeit zum Einkaufen fahren, ohne Kostenersatz für den verfahrenen Sprit, wie immer.

Wim schaffte sogar die steilen knarrenden Treppen hinauf ins erste Geschoß. Dann saß er da und sagte nichts. Gerne hätte seine geistig fitte Schwester endlich Details des ganzen Dramas aus berufenem Mund erfahren, aber da kam nichts. Daß sie von Wanda einmal im Rollstuhl in verhexter Eile und ohne zu fragen aus Wims Krankenzimmer gefahren worden war, davon erzählte Lisa nichts. Sicherlich wollte die fast hundert Jahre alte Frau ihrem kleinen Bruder nicht weh tun. Nach einer halben Stunde mußte die Audienz sowieso ihr Ende finden, denn Wanda klingelte Sturm.

Der Finger blieb auf dem Klingelknopf, bis Lisas Haushaltshilfe Heidi die Haustür im Erdgeschoß öffnen konnte. Da stand Wanda, wild schreiend und mit ihren Armen herumfuchtelnd, und wünschte sich innigst: „Der soll sofort runterkommen." Sie hatte sich schon zehn Minuten über das von ihr selbst gerahmte Zeitfenster hinausgelehnt. Die Nachbarschaft in den Häusern links und rechts wurde ob der Lautstärke aufmerksam. Ach ja, die Wanda, der Pitbull von Beiderbach.

Bis Wim – er war natürlich folgsam – seinen Weg nach unten vollenden würde, hatte seine Frau die Hilfe Heidi für sich alleine: „Was verdienen Sie, wieviel Freizeit haben Sie, was essen Sie?", und gefühlte tausend Fragen mehr prasselten auf die Dame ein. Heidi blieb ruhig, zückte souverän eine Visitenkarte ihrer Vermittlungsagentur und machte Wanda abschweifende Hoffnung: „Dort bekommen Sie auf alle Ihre Fragen eine Antwort." Dann tappte Wim die letzten Stufen von oben herab, und Christa fuhr mit dem Drachen samt Mann zurück in die Hölle. Noch vor Monatsende sollte die Chefin von Tinas Agentur zu Wim und Wanda kommen, so hieß es, „wegen einer neuen Polin". Uta würde sich für einen Tag aus Österreich nach Beiderbach bemühen müssen. Ob es wirklich eine neue „Polin" geben würde?

Haben Sie einen festen Plan, der Ihnen eine sichere Distanz zu Eltern und Schwiegereltern ermöglicht, wenn Sie in Gefahr kommen, selbst seelischen, körperlichen und finanziellen Schaden zu nehmen?

DAS ENDE EINER VOLLMACHT:
Der Tag der Befreiung

Ein paar Tage darauf erreichten Birgit per Gerichtsvollzieher zwei notarielle Urkunden. Die waren bereits über einen Monat alt und besagten, daß die gemeinschaftlich auf Birgit und ihre Schwester lautenden Vollmachten aufgehoben seien. Alleine bevollmächtigt war nun Uta, die Schwester in Österreich. Sie durfte ab sofort alleine auch den Aufenthaltsort ihrer Eltern bestimmen. Es war nun auch gleichgültig, ob bei ihnen entsprechende Hilflosigkeit erkannt worden war oder nicht. Der Wortlaut:

§ 1 *Generalvollmacht:*
Hiermit bevollmächtige ich meine Tochter Uta Berg, geborene Geiß, geboten am [...], wohnhaft in [...], nachstehend „Bevollmächtigte" genannt, mich in allen Angelegenheiten, soweit dies gesetzlich zulässig ist, gerichtlich und außergerichtlich zu vertreten. Die Vollmacht berechtigt auch dazu, für mich bestimmte Post entgegenzunehmen und zu öffnen sowie über Fernmeldeverkehr zu entscheiden.

Der Bevollmächtigte ist berechtigt, für einzelne Arten von Geschäften oder für einzelne Geschäfte Untervollmacht zu erteilen.
Der Bevollmächtigte ist befugt, Rechtsgeschäfte mit sich im eigenen Namen und als Vertreter Dritter vorzunehmen (Befreiung von den Beschränkungen des § 181 BGB). Diese Vollmacht soll durch meinen Tod nicht erlöschen.
Die Haftung des Bevollmächtigen wird beschränkt auf die Sorgfalt, die er in eigenen Angelegenheiten anzuwenden pflegt, § 277 BGB.

§ 2 *Vorsorgevollmacht:*
Die Vollmacht gilt auch für den Fall, daß ich aufgrund einer Krankheit oder Behinderung ganz oder teilweise nicht mehr in der Lage bin, meine Angelegenheiten selbst zu besorgen und gemäß § 1896 Abs. I BGB für mich ein Betreuer bestellt werden könnte.

1. Die Vollmacht ermächtigt den Bevollmächtigten zu allen Erklärungen und Handlungen, bei denen eine Vertretung von Gesetzes wegen zulässig ist, insbesondere:
a. zur Einwilligung in ärztliche Maßnahmen wie eine Untersuchung des Gesundheitszustandes, eine Heilbehandlung oder einen ärztlichen Eingriff sowie zur Nichteinwilligung oder zum Widerruf der Einwilligung in ärztliche Maßnahmen. Die vorstehenden Befugnisse bestehen auch dann, wenn die begründete Gefahr besteht, daß ich aufgrund der Maßnahme bzw. aufgrund des Unterbleibens oder Abbruchs der Maßnahme sterbe oder einen schweren und lange andauernden Schaden erleide.
b. meinen Aufenthalt zu bestimmen. Sie umfaßt die Befugnis zur Einwilligung in Unterbringungsmaßnahmen i. S. d. § 1906 BGB, insbesondere eine Unterbringung, die mit Freiheitsentziehung verbunden ist, die sonstige Unterbringung in einer Anstalt, einem Heim oder einer sonstigen Einrichtung oder die Vornahme von sonstigen Freiheitsentziehungsmaßnahmen durch mechanische Vorrichtungen, Medikamente o. ä. über einen längeren Zeitraum oder regelmäßig.
c. zur Hilfe beim Sterben und zum Behandlungsabbruch, wie dies nachfolgend in der Patientenverfügung niedergelegt ist.
2. Mir ist bekannt, daß die vorgenannte Einwilligung in bestimmten Fällen der Genehmigung des Familiengerichts bedarf (§§ 1904, 1906 BGB).
3. Alle betroffenen Personen sind dem Bevollmächtigten gegenüber von der Verschwiegenheitspflicht befreit. Der Bevollmächtigte ist insbesondere befugt, Krankenunterlagen einzusehen und alle Informationen durch die mich behandelnden Ärzte einzuholen.

§ 3 Betreuungsverfügung:
Sollte die Bestellung eines Betreuers trotz Vorliegens der vorstehenden Vollmacht erfolgen, soll der Bevollmächtigte zum Betreuer bestellt werden. Die vorstehende Vollmacht soll neben einer etwaigen Betreuung unverändert Bestand haben.

§ 4 Patientenverfügung:
In voller Kenntnis der medizinischen Situation und rechtlichen Bedeutung verfüge ich: Sollte ein Grundleiden nach ärztlicher Über-

zeugung ohne Aussicht auf Besserung sein, die Krankheit einen tödlichen Verlauf angenommen haben und
a. *entweder der Tod ohnehin in kurzer Zeit eintreten (Hilfe beim Sterben) oder*
b. *ich dauerhaft in einem Koma liegen, z. B. wegen schwerer Dauerschädigung des Gehirns oder dauernden Ausfalls lebenswichtiger Organfunktionen (Hilfe zum Sterben), ist von allen Wiederbelebungsmaßnahmen und lebensverlängernden Maßnahmen abzusehen. Ich wünsche dann keine künstliche Beatmung und will auch nicht mittels einer Magensonde ernährt werden; Organübertragungen lehne ich in dieser Situation ab.*

Alle die Leiden lindernden Maßnahmen, z. B. eine ausreichende Schmerztherapie, sollen jedoch ergriffen werden, auch wenn sie lebensverkürzend wirken. Ich möchte in Würde und Frieden sterben können, nach Möglichkeit in meiner vertrauten Umgebung.
Dementsprechend weise ich den Bevollmächtigten und die behandelnden Ärzte an, alles Erforderliche zu tun, um diesen Wünschen zu entsprechen.

§ 5 Schlussbestimmungen
Die Wirksamkeit der Vollmacht setzt voraus, daß der Bevollmächtigte eine auf ihn ausgestellte Ausfertigung vorlegt (§ 172 BGB).
Dem Bevollmächtigten sind zunächst eine, bei Bedarf aber beliebig viele Ausfertigungen dieser Urkunde zu erteilen. Die Ausfertigungen bleiben mein Eigentum.
Eine kostenpflichtige Registrierung dieser Vollmacht beim Vorsorgeregister wünsche ich derzeit nicht. Ich gewährleiste anderweitig, daß der jeweilige Bevollmächtigte von der Vollmacht Kenntnis erlangt.
Der Notar hat auf die mit dieser Vollmacht verbundenen Risiken und die besondere Vertrauensstellung des Bevollmächtigten hingewiesen.
Sollte eine der vorbezeichneten Bestimmungen unwirksam sein oder werden, so bleiben die übrigen wirksam.
Durch die Verhandlung überzeugte sich der Notar von der Geschäftsfähigkeit der Erschienenen.

Damit war Uta Berg nun auch offiziell Herrin über Sinn, Verstand, Geld, Gesundheit und Leben ihrer Eltern geworden. Der Böckin war nun die Gärtnerin. Die zwei verwirrten Alten hatten mit Sicherheit nicht begriffen, was sie da unterschrieben hatten – und sie verdrängten, in wessen Hände sie nun waren. Ein Notar, der verwirrten Alten kaltschnäuzig einen solchen Vertrag zur Unterschrift vorlegte und die Geschäftsfähigkeit der Vollmachtgeber nicht in Frage stellte, war für Wim und Wanda zur besonderen Gefahr geworden. Aber nun war es geschehen.

Erstaunlich nur, oder eben nicht, daß Wim mit unterschrieben hatte. Nicht unterschrieben hatte freilich der Notar, zumindest nicht auf einer der an Birgit zugestellten Kopien. Der Notar war im Ort für seine Schlampigkeit bekannt. Birgit schrieb an die Anwältin, wegen der fehlenden Unterschriften auf der neuen Vollmacht könne sie die gemeinschaftlich auf Wim und Wanda lautende Vollmachtsurkunde aus 2008 nicht zurückreichen.

Immer korrekt bleiben! Hinterher würde noch ein spitzfindiger Arzt, der sich bislang nur kurzzeitig durch besonderen Einsatz ausgezeichnet hatte, angesichts einer ungültigen Urkunde auf unterlassene Hilfeleistung erkennen. Drei Tage später reichte die Anwältin die vermißten Unterschriften nach und schrieb unnötigerweise einen etwas unfreundlichen Brief dazu. Matteo schob die herausverlangte Urkunde noch am gleichen Tag dem schlampigen Notar unter der Türe durch. Auf eine Quittung wurde damit verzichtet.

Birgit hatte schon zuvor, mit diesem kurzen Schreiben, ihren bisherigen Adressaten Kenntnis vom beabsichtigten Entzug der Vollmacht gegeben:

Gestern erreichte mich per Anwalt die Nachricht, daß meine notariell beurkundeten Vollmachten bzgl. meiner Eltern enden sollen; meine Schwester ist nun alleinige Bevollmächtigte. Bitte nehmen Sie bei Bedarf ausschließlich mit meinen Eltern bzw. mit meiner Schwester in Österreich Kontakt auf.

Man soll vom Pferd absteigen, wenn es tot ist. Nun konnten beide unbesorgt den Urlaub in Südtirol antreten, den Matteo angesichts des bedrückenden Dramas für die beiden ersten Wochen des kommenden Monats gebucht hatte. Das Thema „Fürsorge für unsere Eltern und Schwiegereltern" schien juristisch geklärt. Emotional auch. Meran wartete, und auf dem Weg dorthin ein Wochenendbesuch bei Verwandten im Allgäu. Abwechslung tat Not! Endlich einem durchatmen!

Vor der Abreise schaute Wim und Wandas Nachbar Frohl von der anderen Grundstücksseite bei Birgit und Matteo vorbei, um ein Paket abzuholen, das bei Birgit und Matteo für ihn abgegeben worden war. Er erzählte, Wim fahre wieder Auto. Allerdings nur so 5 bis 10 Kilometer pro Stunde schnell und mit Wanda an seiner Seite. Dann konnte ja nichts passieren. Irgendwann würde Wim von einem aufmerksamen Polizisten aus dem behinderten Verkehr gezogen werden.

Über 30 Jahre lang währte die Nachbarschaft der freundlichen Frohls zu den „Geißens" auf bestem Niveau. Doch dann ließ Wanda einen über die Grenze hinauswachsenden Ast abschneiden und den Frohls über die Grenzmauer hinweg auf deren Grundstück schmeißen. Mit dem Erfolg, daß dort ein Rosenstrauch ruiniert wurde. Als Birgit und Matteo seinerzeit von diesem Vorfall erfuhren, brachten sie eine Flasche guten Roten bei Frohls vorbei und entschuldigten sich für ihre Eltern und Schwiegereltern.

Einen Tag nach Frohls Besuch sah Birgit selbst, wie Wim ins Auto stieg. Er näherte sich dem von wem auch immer bereits aus der Garage gebrachten Fahrzeug mittels eines Rollators, öffnete und schloß unschlüssig mehrfach die Fahrertür. Nach etwa zehn Minuten tapste Wanda herbei, nahm Wims Gehhilfe zur Seite und setzte sich auf den Beifahrersitz. Immerhin nahm die Führerscheinlose nicht hinterm Steuer Platz. Dann bemühte sich Wim und hatte es irgendwann geschafft, die Fahrerposition einzunehmen. Gut zwanzig Minuten saßen die beiden alten Herrschaften dann im stehenden Wagen und gestikulierten heftig. Offenbar tauschten sie Meinungen aus. Schließlich ruckelte der Wagen rückwärts vom privaten Parkplatz auf die Straße und zuckelte davon. Im Schritttempo. Hätten sie doch ein Taxi genommen!

Was Wim und Wanda also mit Birgit und Matteo noch gemeinsam hatten, das war die Grundstücksgrenze. Bei Birgits

Hausbau vor gut 20 Jahren war eine auf Wandas Anwesen zu Birgits Grundstück hin bestehende Grenzmauer noch abgerissen worden, weil doch Familien keine Mauern bräuchten. Seitdem hegten und pflegten Birgit und Matteo einen drei Meter breiten Streifen mit, der zum Grundstück der beiden Alten gehörte, optisch aber Teil des Gartens von Birgit und Matteo war.

Als nun der Gärtner, der seit Jahrzehnten beide Grundstücke betreute, zum Herbstschnitt bei Birgit und Matteo war, lauerte ihm Wanda auf. Sie dachte, nun werde der gute Mann den beauftragten Zaun zwischen den Gärten doch noch kurzfristig errichten. Zeit dafür hätte es gegeben, nach aktueller Auftragslage ja. Aber der Landschaftsgärtner war ein gestandener und vernünftiger Mann. Er arbeitete den Garten von Wim und Wanda gleich mit auf und zog sein Tun so in die Länge, daß deutlich wurde: Für einen Zaun bleibt keine Zeit. Dann solle er doch wenigstens schon mal alle Sträucher auf dem besagten Streifen rausreißen und Birgit und Matteo auf den Rasen schmeißen. Er tat es nicht, aber er erzählte Birgit vom Wunsch der alten Dame.

Nach allem, was in den letzten Wochen passiert war, gab es diese Eltern und Schwiegereltern für Birgit und Matteo nun nicht mehr – es waren jetzt die Eheleute Geiß. Nur Birgit sprach von ihren Eltern hin und wieder, fast versehentlich, noch als Wim und Wanda. Aber eigentlich waren die in den Gedanken ihrer Tochter tot – das machte frei.

Wissen Sie, wie Sie sich in schwierigen sachlichen und emotionalen Situationen selber befreien und in eine positive Grundstimmung bringen können?

AUSWEG AUS DEM CHAOS:
Wechsel in die Metaposition

Böse Eltern als böse Nachbarn zu haben, das führt kluge alte Kinder und Schwiegersöhne in die psychologische Metaposition. Aus chaotischen Gefühlen entwickelt sich zunehmend der Eindruck, als schaue man von oben auf eine Bühne voller Kabarett. Man ist nicht mehr Teilnehmer an der Situation, sondern man schaut auf die Situation, auch auf sich selbst. Aus der Vorstellung, man sitze im Kino und sehe einen Film, wird das Bild, daß man durch das Fenster des Filmvorführers schaut. So sieht man den Film und seine Handlung, und zugleich nimmt man sich selbst als Kinobesucher wahr, wie er auf den Film reagiert und agiert.

Die Wahrheit ist die, daß es eine objektive Wahrheit nicht gibt. Wer Symbole oder Sprache wahrnimmt, die Wahrheiten vermitteln sollen, nimmt als Empfänger dieser Botschaften nur das an, was in seinen Erfahrungsschatz paßt. Er benutzt, in aller Regel unbewußt, seinen individuellen Wahrnehmungsfilter, zusammengesetzt aus Erfahrungen und Erziehung, aus zu Vorurteilen gewordenen Urteilen, geformt aus allen denkbaren Prägungen. Wahrheiten sind also allenfalls mögliche Wahrheiten, subjektive Wahrheiten. Die in Seminaren und Büchern vermittelte „Neurolinguistische Programmierung (NLP)" liefert eine Reihe von Modellen und Verfahren, mit deren Hilfe man Fakten, Verhalten und Prozesse anders sieht und in die Lage versetzt wird, die anderen Sichten als plausibel zu betrachten und zu vertreten.

Birgit und Matteo kamen mehr und mehr dazu, eine Metaposition einzunehmen:

Wim war ein körperlich und vor allem geistig altersschwacher Mann, der unter seiner Frau litt. Er hatte in seinem ganzen Leben seiner Frau nachgegeben, niemandem sonst. Nun haderte er mit dem Ergebnis und hatte nicht mehr die Kraft, es zu korrigieren.

Wandas Aggressionen waren ihrer geistigen Verwirrtheit zuzuschreiben, zumindest die Heftigkeit des böswilligen Verhaltens gegenüber jedermann. Nicht nur Birgit, und ihr Matteo gleich mit, waren die Opfer. Jeder wurde mit wüsten Beschimpfungen bedacht und in Fäkalsprache betitelt. Der eigene Mann, „der Alte", war davon nicht ausgenommen. Ein Handwerker, der eine Kleinigkeit am Dach von Wandas Haus reparierte, wußte schon nach einer halben Stunde: „Das ist eine böse Frau."

Uta hatte für ihre Eltern keine positiven Emotionen. Sie redete ihnen nach dem Munde, erschlich sich ihr Vertrauen durch schleimige Zustimmung, nutzte ihren Zustand zum eigenen Vorteil aus. Ihrer älteren Schwester war sie Zeit ihres Lebens an Intelligenz und Lebensklugheit, an Empathie und Menschlichkeit unterlegen gewesen, hielt sie aber, gewiß aus Selbstschutz vor einem traurig stimmenden Eingeständnis, für dumm.

Birgit und Matteo sahen sich anfangs in diesem Netz aus Verwirrtheit, Boshaftigkeit und Unredlichkeit gefangen. Korrekte Wahrnehmung der Vollmachten und emotionale Zuwendung trotz aller Schroffheit sollten die Probleme lösen. Nun hatten sie begriffen, wie sie von den potentiellen Verbündeten im Stich gelassen worden waren und daß Korrektheit nichts brachte. Es galt, sich zu retten und die Bühne zu verlassen. Sie wollten sich zunächst einmal in die Zuschauerränge setzen, vielleicht sogar dem Theater vollends entfliehen.

Dieser Prozeß der bewußten Selbststeuerung ist nicht im Husarenritt zu bewältigen. Birgit und Uta waren als Kinder von ihrem Vater geschlagen worden. Alltagsgestaltung und Erziehung wurden Kindermädchen überlassen. Dieses Personal war in der Zeit der Pubertät von Birgit und Uta nur wenig älter gewesen als die betreuten Schwestern. Ein angeborenes Rückenleiden bei Birgit wurde übersehen. Eine ebenfalls übersehene oder vernachlässigte ansteckende Krankheit führte zum Verlust eines Augenlichts. Die Eltern führten eine Handelsfirma und hatten nach dem Krieg eine große Menge Geld angehäuft, auch schwarzes. Rodelschlitten waren im Laden zum Verkauf, die Kinder bekamen keinen. Die Gewinne hatten die Eltern Jahr um Jahr in Immobilien investiert oder in Österreich versteckt. Geld war alles, alles andere war nichts.

Als erwachsene Studentin lebte Birgit in einer dürftig ausgestatteten Bruchbude in Bahnhofsnähe und ernährte sich mit „kalter Küche", von Brot und billiger Fleischwurst. Die vermögenden Eltern waren überaus dominant, überaus geizig, überaus dumm. Sie waren keine Eltern gewesen. Nur der geliebte Opa hatte sich um Birgit gekümmert. Er schob ihr während mehrwöchiger Schulferien bei langen Spaziergängen mit guten Gesprächen einen Stock die lädierte Wirbelsäule entlang. So ermunterte er sie zum aufrechten Gang. Physisch, leider nicht psychisch.

Dabei wäre es wichtig gewesen, schon damals den eigenen Zustand frei wählen zu können. Selbstbestimmungbedeutet, Herr oder Herrin im eigenen menschlichen Haus zu sein, sein eigener Chef. Selbstbestimmung und bewußt eigenverantwortliches – nicht an Vorgaben angepaßtes – Handeln machen es möglich,

- sich von unerwünschten und schlechten Zuständen geistig zu entfernen (räumliche Entfernung mag dabei helfen, aber gewiß ist das nicht), sich also von negativen Erlebnissen zu distanzieren und daran zu arbeiten, künftig Negatives gar nicht erst an sich heranzulassen: Problemlösung durch proaktive Problemvermeidung,
- rechtzeitig zu erkennen, wenn andere Menschen die Vereinnahmung der eigenen Person versuchen, sei es durch Vorwürfe, Versprechungen, Drohungen, mitleidsregende Schilderungen und dergleichen Manipulationsversuche,
- mit sich selbst ins bewußte Gespräch zu kommen. Jeder Mensch ist mit sich selbst stets im Dialog. Die Kunst besteht nun darin, sich nicht treiben zu lassen, sondern den Gedankenaustausch mit sich selbst bewußt zu steuern,
- sich in allen Situationen frei zu entscheiden, sein Verhalten, Reden, Tun und Lassen nicht etwa rezepthaft nach Erziehungsvorgaben oder in vorauseilendem Gehorsam zu programmieren,
- mehr denn je auf seinen Körper und seine Befindlichkeit zu achten. Fühlt man sich wohl? In welchen Situationen fühlt man sich wohl? Wo liegen die Ursachen für Schüchternheit, Kopfschmerzen, Magendrücken?

- über die eigenen Grundüberzeugungen neu – oder erstmals – nachzudenken. Welche Grundwerte sollen gelebt werden, welche kausalen Zusammenhänge akzeptiere ich („Fernsehen macht dumm" oder „Fernsehen macht Spaß", „Es wäre unethisch, mir die bösen Eltern aus dem Herzen zu reißen" oder „Mich weiter um meine bösen Eltern zu reißen, das bewahrt mich vor Depression")?
- die eigene Identität zu reflektieren und bei Bedarf neu zu definieren. Selbstbild und Selbstwertgefühl einander anzugleichen, kann ein Ziel der Bemühung sein. Sich selbst zu beschreiben, wie man von anderen gesehen wird, das ist ein guter Anfang.

Notwendig ist der neue Blick in den Spiegel. Wer ist man wirklich, wie kommt man rüber? Welche Gefühle spielen sich bei diesem inneren Dialog im Bauch ab, ein wenig unterhalb des Nabels? Wer sein Selbstbild näher und näher kommen lässt und dabei sein Selbstwertgefühl mit beobachtet, der ist auf dem richtigen Weg, mit bösen Eltern klarzukommen: auf seine Weise, nicht auf irgendeine.

Kennen Sie die positiven Wirkungen bewußter Kommunikation, etwa mit Hilfe der Neurolinguistischen Programmierung oder mit Hilfe von Erkenntnissen aus der Transaktionsanalyse?

ALT UND VERWIRRT WERDEN:
Die Generation 50+ kommt in große Not

Deutschland wird älter, und damit zunehmend dement. Konnten früher die demographischen Entwicklungen in sogenannten „Alterspyramiden" dargestellt werden, so wandelt sich die Graphik vom „Tannenbaum" zur bauchigen „Altersurne". Krankheiten, vor deren Erwerb man früher starb, brechen nun im hohen Alter aus, damit man an ihnen sterben kann. Der Segen des medizinischen Fortschritts und die damit verbundene gestiegene Lebenserwartung sind umstritten: Was ist das für ein Leben, das die Erkrankten selbst nicht mehr als lebenswert empfinden, wenn man, wie der Philosoph Montaigne das Gefühl des eigenen Verschwindens beschrieb, „sich täglich verliert und sich selbst entwischt"?

Fast jeder Bundesbürger über 70 leidet an einer chronischen Krankheit, 30 Prozent der über 75jährigen, so schätzt das Robert-Koch-Institut, kommen alleine nicht mehr klar. Ab 80 ist schon jeder Fünfte pflegebedürftig, bei den über 90jährigen ist es jeder Zweite. Eine Million Menschen über 65 leiden an Demenz, Tendenz steigend. Im Jahr 2050 wird es in Deutschland mehr als neun Millionen Menschen im Alter 80+ geben, mehr als dreimal soviel wie heute. Oder anders: Sind heute 1,4 Millionen in Deutschland lebende Menschen dement, so werden es 2050 drei Millionen sein. Mehr als sieben von 10 Pflegebedürftigen leben zu Hause, hoffentlich aber nicht im Hause oder gar in der Wohnung gemeinsam mit einem ihrer Kinder. Die Hauptlast fällt den Töchtern zu, statistisch acht lange Jahre lang. Getrennte Haushalte sind dringend anzuraten, jedwede Nähe macht potentiell ablehnend und aggressiv zugleich. Emotionales Gedränge verschlimmert den Streß obendrein.

Nicht nur die erkrankten Alten, auch die Pflegenden benötigen Hilfe. Und das nicht zu knapp. Drei Viertel der Kümmerer erkranken, weil sie überfordert sind: zeitlich, intellektuell, physisch und psychisch. Wenn die versorgten Alten dann obendrein von Altersaggression befallen werden, von senilem Neid und Haß gegen ihre Nächsten, dann geht es sachlich, rhetorisch und emotional bald drunter und drüber. Es sei denn, die jüngere Generation nimmt sich zurück, distanziert sich, trennt sich von ihren Altvorderen und gibt die als ethisch verstandene Aufgabe aus Selbstschutz auf. Der vernünftige Drang, die bösen Eltern loszulassen, und die moralische Verpflichtung, sie nicht im Stich zu lassen, führen ins Dilemma: Ist man ein böses, undankbares, schreckliches Kind? Beiden Erfordernissen kann freilich niemand gerecht werden. Es sei denn, die Alten werden ins Heim geholt. Wenn denn das Heim „gut" ist und dort nicht statt der Patienten die drei klassischen „S" gepflegt werden: Haltet die Bewohner satt, sauber und sediert.

Selbsthilfegruppen, in denen sich pflegende Angehörige austauschen, ausweinen und fachlich schlaumachen können, gibt es wenige. Denn offenbar ist das Thema in der Weise ein Tabu, daß man sich nicht unaufgefordert mit den Nöten outet, die man mit seinen betagten Eltern hat. Wer also wagt vor Ort den ersten Schritt aus der Anonymität und sucht per Zeitung oder Internet nach Gleichgesinnten, nein, nach Gleichbelasteten? Auch wer eine der mehr als 100 000 meist polnischen Pflegerinnen beschäftigt, kommt um Hilfestellungen nicht herum. Schon die Suche und Auswahl „der Polin", egal ob illegal oder legal beschäftigt, ist eine Herkulesaufgabe, wenn sie gut gelöst werden soll.

Haben Sie gründlich durchdacht, wie sich die Zahlen der Statistik in Ihrem ganz persönlichen Leben und für Ihre Kinder auswirken werden? Haben Sie mit Ihren Kindern alles so geregelt, wie es Ihre Eltern mit Ihnen hätten tun sollen?

ZWEI GREISE AUF GROSSER FAHRT:
400 Kilometer mit verwirrtem Geist

Zum Monatswechsel war Reifenwechsel angesagt. Regine besuchte ihre Mutter Birgit und organisierte mit ihr den fälligen Termin bei der Werkstatt. Schon seit Jahren ließ Regine die Reifen ihres Autos in Beiderbach einlagern und vor Sommer- und Winterzeit austauschen. Dort erfuhr die Enkelin, daß ihre Großeltern in der gleichen Werkstatt erschienen waren – zum Aufziehen der Winterreifen auf Wims Wagen. Wanda hatte bei dieser Gelegenheit ungebeten über die „böse Enkelin" und die „schlimme Tochter" gewettert, die ihr den Führerschein abgenommen habe. Der Blaumann erkannte schnell den geistigen Zustand der beiden alten Leute und ließ sie reden – er kannte Regine seit vielen Jahren und wußte die Haßtiraden richtig einzuschätzen.

Regine stelle die Fakten richtig und bekam zur Belohnung noch eine Schreckensnachricht mit auf den Weg: Wim und Wanda hatten dem Werkstattleiter angekündigt, in den nächsten Tagen ins Salzburger Land zu fahren. Mit Wims winterfest gemachtem Wagen, oder mit Wandas, sofern er repariert worden war, das wußte niemand. Sollte man nun die Autobahn sperren lassen, damit nichts passierte auf der Fahrt von Beiderbach in den Süden? Regine ließ von ihrem Plan ab, der Oma die Leviten zu lesen: „Hetzt dich Uta so gegen uns auf oder bist du wirklich so bekloppt?" Die bereits mehrfach vorformulierte und eingeübte Frage blieb ungestellt.

Hätte Birgit noch ihre Vollmacht gehabt, wäre ein warnender Anruf bei der Polizei fällig gewesen: 400 Kilometer Autobahnfahrt im Schneckentempo standen in Aussicht. Vielleicht würde Wim auch schneller fahren, dabei aber mit Sicherheit in seinem Kopf nicht mehr erfassen, was um ihn herum los war. Und er würde nicht richtig reagieren können, wenn Gefahr drohte. Wim würde die beiden Strecken hin und zurück – sofern es ein Zurück überhaupt geben würde – allein bewältigen müssen, neben einer hektischen Gattin, mit der er sich in besseren Zeiten bei derlei langen Reisen am Steuer abgewechselt hatte. Es sei denn, Wanda machte endlich ihre Drohung wahr und setzte sich im Süden, wo niemand von ihrem Unfall und der Fahrerflucht wußte, auch ohne Führerschein ans Steuer.

Regine, Birgit und Wanda durften nur entsetzt die Hände überm Kopf zusammenschlagen und für die beiden Alten hoffen, daß die hohe Wahrscheinlichkeit eines Unfalls nicht eintreffen würde. Wenn etwas passierte, so würden sie es kaum unmittelbar erfahren. Nicht etwa, weil sie selbst in Urlaub waren, sondern weil es ihnen von den Verwandten grundsätzlich verheimlicht würde. Von Wim, Wanda und Uta – von der Polizei dagegen kaum. Nun, die Sorgen waren unbegründet. Gutmensch Toni, Lebenspartner der Geiß-Verwandten Martha, tat es sich wirklich an, die beiden in den Süden zu chauffieren, und am nächsten Tag wieder zurück.

Wim gab an, sich von seinem zweiten Wohnsitz verabschieden zu wollen, doch in Wahrheit ging es den beiden darum, einen Safe auszuräumen. Uta kam hinzu und half dabei. Der Betreiber des verpachteten Hotels ergriff die Chance und führte Wanda und ihre Tochter durch die in die Jahre gekommenen Gästezimmer. Die Tochter äußerte zwar, fürs Hotel nicht zuständig zu sein – immerhin war es ihr und Birgits Tochter Regine schon lange gemeinschaftlich geschenkt worden –, doch daß Wanda ein Zimmer weiter bereits vergessen hatte, was im Zimmer zuvor besprochen worden war, entging auch ihr nicht. Natürlich nicht, denn mit der Verwirrtheit ihrer Mutter machte sie zunehmend reiche Beute, wie sich bald herausstellen sollte.

So segneten also am Ende Uta, vom Pächter heimlich „Kühlschrank" genannt, und ihr mitgereister Gatte Roman am Ende Renovierungsmaßnahmen im Umfang von bis zu 60 000 Euro ab, immerhin. Anderenfalls hätte der Pächter bald die Segel gestrichen.

Roman begleitete seine Frau durchweg schweigend. Er sagte nie viel, denn die Firma, von der er in Österreich lebte, gehörte nicht ihm. Sie und er waren im Besitz seiner Frau. Da war wohl Vorsicht geboten.

Die Übernachtung fand im Hotel statt, nicht in Wanda und Wims großzügiger Eigentumswohnung im Haus nebenan. Sie hatten vergessen, daß sie die Wohnung besaßen. Bei der Suche nach dem zu leerenden Safe half der Pächter dann nach: Der Safe sei in der seit zwölf Jahren bewohnten Eigentumswohnung versteckt, nicht in der Hotelsuite, wo sie vor zwölf Jahren zuletzt gewohnt hatten. Im übrigen war die safelose Suite aktuell an Hotelgäste vermietet.

Chauffeur Toni bekam die Irrungen und Wirrungen durchaus mit. Er war einiges gewohnt, und hatte einen sehr eigenen, stabilen Humor. Sonst hätte er die beiden erst gar nicht bis hinter Salzburg gebracht: Als Wanda vor einigen Jahren einmal dort ihr Beautycase vergessen hatte, holte Toni – er war gelernter Kraftfahrer – das Ding in einem Tagesritt nach Beiderbach, das machte gut 1 300 Kilometer an einem Tag. Bei der Rückkehr waren er und die mitgereiste Partnerin Martha von Wanda angeblafft worden, warum „es" so lange gedauert hätte. Als Martha dann beichtete, sie hätte ihrem Toni in der Wohnung erst mal einen Kaffee gemacht, war Wanda außer sich vor Wut. Wie konnte man sich erlauben, ihr Leitungswasser und ihren Kaffee zu benutzen und die Kaffeemaschine anzufassen?

Kurze Fahrten traute sich Wim zunehmend zu, oder er wurde von Wanda dazu getrieben. Er lag zwar zu Hause nur auf dem Sofa oder im Bett, konnte kaum gehen und beherrschte den Rollator nur wenig, aber im Wagen am Steuer sitzen und im Langsamfahren den Verkehr gefährden, das ging.

Besprechen Sie mit Ihren Eltern und Schwiegereltern die Gefahren von Fahruntüchtigkeit im Alter, bevor diese Anzeichen von Demenz zeigen?

DIE SCHWESTER VERWIRKLICHT SICH:
„Denver" und „Dallas" war nichts dagegen

Was sollte man von einer alten Frau erwarten, die alles konnte und auf keinen Rat hörte? Die ihre Identität verfälschte und sogar die Angabe ihres an sich ehrwürdigen Alters verweigerte und deshalb zum Beispiel ihren neu gekauften Wagen gleich nochmals anmelden ließ? Denn der Lehrling des Autohändlers hatte auf dem Amt, in bester Absicht und nach bekannter Übung, ein Kennzeichen ausgesucht, von dem man auf den Jahrgang der Fahrzeugbesitzerin hätte schließen können. Im Angesicht dieses Altersverrats mußte Wandas Geschrei so laut gewesen sein, daß sogar der schwerhörige Wim die Räumlichkeiten des Händlers vorübergehend verließ. Wandas keifend-lauter Auftritt wirkte auf ihn peinlich. Seine Tochter Uta war in vergleichbarer Angelegenheit in eigener Sache über zwölf Jahre lang ganz leise gewesen: Sie und ihr Mann Roman hatten sich vor ihren eigenen drei Kindern 10 Jahre jünger gemacht.

Nun wollte Wanda sich nicht mehr nur deutlich jünger machen, sondern auch arm. Ihrer Hausangestellten eröffnet sie, sie würde sich kurzfristig so einrichten, daß am Ende ihrer Tage für Birgit, die böse Tochter nebenan, nichts mehr übrigbliebe. Sie würde also alles, was noch in ihrem Besitz war – und auch Wims Vermögen war in ihrer Obhut – frühzeitig an Uta und deren Kinder verschenken. Das mache sie vor allem wegen Matteo, weil der ja hinter ihrem Geld her sei. Mit Sicherheit hatte Uta auch schon prüfen lassen, ob die bereits zugunsten von Birgit und Regine vollzogenen notariellen Schenkungen wieder rückgängig gemacht werden könnten. Das ginge bei „grobem Undank", aber der mußte schon sehr „grob" sein. Ach ja, daß Wanda ihrer wirklich armen und leidgeprüften Haushälterin etwas hätte schenken können, darauf kam die Alte nicht.

Wenn Wanda nun schon Schenkungsverträge nicht umkehren konnte, so doch Versicherungsverträge, die sie noch vor einem Jahr zugunsten ihrer beiden kleinen Urenkelchen (3 und 1 Jahr) abgeschlossen hatte. Eine Bankberaterin in Beiderbach rief Regine, Birgits Tochter, Mitte des Monats (…) an. Sie berichtete ihr aufgeregt von einem „unsäglichen" Termin mit Wanda und Uta: Uta war Tage zuvor extra aus Österreich angereist, um zu beflügeln, daß zwei auf Regines Töchterchen Karla und Emily laufende Versicherungsverträge über jeweils 50 000 Euro auf Uta umgeschrieben wurden. Nicht die Urenkel würden also irgendwann diese Gabe von Wandas Gnaden erhalten, etwa zur Finanzierung eines Studiums, sondern Wandas geldgeile Lieblingstochter. Womöglich zur Finanzierung ihrer beiden zweifelhaft florierenden Firmen in Österreich.

Die Bankangestellte, unterstützt von zwei Kolleginnen, machte aus ihrer Betroffenheit keinen Hehl und das Team bekniete Wanda, von diesem schändlichen Vorhaben abzulassen. Da hatten sie aber nicht mit Uta gerechnet. Diese wischte alle Ethikargumente vom Tisch und argumentierte, ihre Kinder, also Wandas Enkel, bekämen damit ja weniger Geld als Wandas Urenkel, und das ginge nicht (aber es stimmte auch nicht). Wörtlich: „Wie sollen meine Kinder am Grab die Blümchen gießen, wenn sie so ungerecht behandelt wurden?"

So ganz gewissenlos war Uta bei ihrem im Grunde kriminellen Akt nun doch nicht gewesen: Vorab hatte sie versucht, nicht mit derjenigen Bankangestellten sprechen zu müssen, von der die Familie Geiß seit Jahren betreut wurde. Offensichtlich schämte Uta sich ob ihres Tuns und wußte, daß die mit den Verhältnissen bestens vertraute Bankangestellte die Umschreibung als Schandtat empfinden würde.

Unter Tränen berichtete Regine ihrer Mutter vom Treiben ihrer Oma und ihrer Tante. Noch am Nachmittag der Nachricht vereinbarte Birgit in Rücksprache mit Matteo und Regine einen Termin beim Anwalt. Diesen Anwalt hatte sie bereits einmal kurz nach Beginn des Dramas proaktiv, gemeinsam mit Matteo, um Rat gefragt. Damals war bereits abzusehen gewesen, daß Uta die zunehmende Verwirrtheit der Mutter ausnutzen würde, um sich zu bereichern.

Begründung des Sinneswandels der alten Frau: Regine habe sie einmal um 2 000 Euro Kredit gebeten, als sie einen finanziellen Engpaß hatte. Nun könnte eine reiche alte Dame, die Millionen besaß, dem früher einmal geliebten, gutherzigen, fleißigen und in jeder Beziehung seriösen Enkelkind sicher auch mal mit einem Geldgeschenk aus der Patsche helfen. Aber weit gefehlt. Es gab kein Geld, auch nicht auf Kredit mit Zinsen. Nein, nicht einmal der als Begründung dieser „Strafe" genannte Betrag wurde richtig erinnert. Denn er wurde seinerzeit – die Bitte Regines war viele Jahre her – nicht einmal genannt. Könnten Birgit und Matteo nicht die Bank dazu bringen, ihre Kundin Wanda Geiß auf Zurechnungsfähigkeit untersuchen zu lassen?

Wieder einmal legte sich also die immer noch als geschäftsfähig geltende Frau ihre Unwahrheiten so zurecht, wie es ihr gerade in den verwirrten Sinn paßte. Abgesehen davon, daß diese Begründung für die Umschreibung eines Geldgeschenks von den Kindern der Fragestellerin auf deren Tante und Großtante auch dann absurd gewesen wäre, wenn die Bitte um 2 000 Euro Spontanhilfe gestimmt hätte. Uta entpuppte sich nun endgültig als im Grunde kriminelle Strippenzieherin, die den bedauernswerten Geisteszustand der Mutter für sich hemmungslos zu nutzen trachtete. Auf Wandas Frage an Uta, was man mit dem an Regine geschenkten Hotelanteil jetzt machen solle, tat Uta großzügig: „Das lassen wir ihr."

Kleine Sünden bestraft der liebe Gott sofort, bei großen dauert es etwas länger. Oder? Utas erster Mann, ein Frauenarzt, der sich später das Leben nahm, war nach der Trennung von dem Teufel für seinen Satz bekannt geworden: „So schnell konnte ich das Geld gar nicht herbeischaffen, so wie es Uta zum Ausgeben brauchte." Da kam jetzt eine so verwirrte wie spendable Mutter gerade recht.

Den Tipp, daß auch und gerade bei Einzelvollmachten eine Kontrollbetreuung beantragt werden könne – damit der oder die alleine Bevollmächtigte nichts Unrechtes tue wie im konkreten Fall –, diesen Tipp hatten die verzweifelten Bankangestellten bereits an Regine durchgereicht.

Daß auch bei Kontrollbetreuern Vorsicht walten muß, erfuhr Birgit in diesen Tagen von einer Freundin: Sie hatte eine solche Betreuerin angezeigt, die ihre Betreuungsperson für alle sichtbar wiederholt mit Pampers um den Unterleib durchs Dorf laufen ließ und im Rufe stand, die Verwandtschaft der Anvertrauten bereits umfänglich gegeneinander ausgespielt zu haben. Nun hatte die Freundin eine Gegenanzeige wegen Verleumdung am Hals.

Gehen Ihre Finanzpläne über die Jahre der eigenen Berufstätigkeit hinaus? Schließen Sie mögliche Erbschaften aus und denkbare finanzielle Zuwendungen an Ihre Eltern ein?

„DIE POLIN" IST WEG:
Wie geht es nun bei den wirren Eltern zu?

Anna, die „Polin", war weg. Der Ersatz hatte sich vorgestellt und war von Wanda als „zu dick" befunden worden: „Die will ich nicht!" Damit hatte sie nun endgültig wieder alleine die Kontrolle über Wims Wohl und Wehe. Als in diesen Tagen Wim einmal seine Schwester Lisa „zum Kaffee" zu sich nach Hause eingeladen hatte, wurde auch ihr und der begleitenden Hilfe der Zutritt verwehrt. Nicht einmal die Türe wurde der Rollstuhlfahrerin und ihrer „Polin" geöffnet. Wim war nicht Herr seiner Lage, die Hexe in seiner Nähe erlaubte keinen Besuch. Nirgendwo sonst aber wäre Kontrolle von draußen sinnvoller gewesen. Wanda hätte obendrein Christa gerne rausgeworfen und Christa hätte gerne ihren Job bei Wanda und Wim hingeworfen – aber beide brauchten einander nun mal. Ein bißchen Aufsicht tagsüber gab's also, aber die Putzfrau hatte ja von ihrer Chefin eine Kontaktsperre zur Kollegin nebenan auferlegt bekommen. Gut, daß sie sich nicht unbedingt daran hielt.

Wanda hatte Wim in der Hand. Er glaubte nach wie vor, daß Birgit ihrer Mutter den Führerschein „weggenommen" und ihr die Polizei „auf den Hals geschickt" habe. War in seinem Gehirn für Vernunft und Anstand kein Platz mehr? War er der Hetze und den Lügen seiner Tochter Uta nun vollends erlegen und fügte sich nicht nur aus Verwirrtheit? Schon seit vielen Jahren hatte er Widerworte gegen Wanda und ihre Lieblingstochter vermieden; bei seinen Verwandten war er als „Weichei" verschrien.

Zum ersten Mal stand ein Wagen der örtlichen Sozialstation vor Wims und Wandas Haus. Er würde nun alle drei Tage kommen, um für Wim die Pillendöschen sachgerecht zu füllen und herzurichten. Wanda war nicht mehr in der Lage, die Versorgung ihres Mannes mit den regelmäßig einzunehmenden Medikamenten sicherzustellen, Wim selbst erst recht nicht. Ob Dr. Frei oder Uta diese Adjudanz bewirkt hatten, blieb unbekannt.

Dr. Frei würde nun, nach all den Eklats, wohl wieder alle zwei Wochen bei den beiden nach der Gesundheit sehen. Daß Wanda auch nicht im erforderlichen Umfang kochen konnte und es auch nicht versuchen würde, stellte für Wim eine neuerliche Gefährdung dar. „Essen auf Rädern" wurde einmal versucht und das Gebrachte als „Scheiße" beschimpft. Der Service war für immer zurückgewiesen. Was also bekam Wim zu essen, wo doch die Polin nicht mehr da war? Der Zugehfrau, die werktäglich zum Putzen kam, war das Kochen auch verwehrt.

Antworten auf die eine oder andere dieser Fragen ergaben sich per Zufall, und neue Fragen tauchten auf: Bei Besorgungen in Beiderbach traf Matteo unerwartet auf Wim. Er schien für sein Alter und seine jüngsten Erlebnisse wieder recht gut zu Fuß und geistig soweit da, daß er ansprechbar war. In einer Hand trug er ein warmes Fertigessen im Plastikgeschirr. Er blieb bei Matteo stehen, erwiderte den Händedruck und war recht freundlich. Stolz erzählte er davon, daß er sich nun wieder sein Mittagessen in der Stadt hole, wechselweise von einem der beiden Anbieter von bürgerlicher Kost „to take away". Wanda bekäme von seiner Portion stets etwas ab, hieß es. Das „Essen auf Rädern", das kurzzeitig aus dem Krankenhaus gekommen sei, sei ungenießbar gewesen.

Matteo bat seinen Schwiegervater dringend, doch bald einmal seine Tochter nebenan im Haus zu besuchen, Wim sagte Ja. Da kam Birgit hinzu, mit der sich Matteo zu einem Termin in der Stadt verabredet hatte. Vater und Tochter umarmten sich. Binnen zehn Minuten schüttete sie ihm unter Tränen ihr Herz aus. Sie schilderte den Schachzug Utas, sich das Geld von Regines Kindern angeeignet zu haben. Sie sagte ihm, der Ruf der Familie Geiß in der Stadt sei ruiniert. Jeder wisse das. Tochter Uta sei eine verlogene Hexe und eine Schande für die ganze Familie.

Ob er sich nicht erinnere, wie Uta ihrer Mutter einmal fast zwei Jahre keine Miete für Praxisräume gezahlt habe, die Wanda an Uta vermietet hatte. Bald hatte Uta die Praxis anderweitig Domizil nehmen lassen, und ihre Mutter hatte sie bei der Nachfrage nach den nun weiter fälligen Mietzahlungen zurechtgewiesen. Ob sie denn mal nachgesehen habe, ob der Mietvertrag von ihr, der Tochter, auch unterschrieben worden sei. War er nicht. Birgit fragte ihren Vater auf der Straße, ob er nicht wisse, warum sich Utas erster Mann das Leben genommen habe? Immerhin sei Uta in den 80er Jahren das Flittchen der Stadt gewesen. Nur er alleine glaube das alles nicht. Er erinnerte sich auch nicht, kürzlich vor einem Notar eine Vollmacht unterschrieben zu haben.

Er solle endlich der Wahrheit ins Gesicht sehen und etwas dagegen tun, daß Tochter Uta die ganze Familie hintergehe. Sie forderte ihn ebenfalls zu einer gründlichen Aussprache bei ihr zu Hause auf. Wim mochte ob seiner partiellen Taubheit nicht alles gehört, ob seines atrophischen Gehirns vom Rest nicht viel verstanden haben, aber er sagte erneut zu. Birgit ahnte, daß es nie zu einem solchen Gespräch kommen würde, war Wim doch nach wie vor ein „Weichei". Derweil war sein Fertigmenü in der Tüte abgekühlt, und bald tappte Wanda wortlos und langsam an den dreien vorbei.

Sie hatte sich von Wim wieder einmal in die Stadt chauffieren lassen. Ob sie die drei Familienmitglieder wahrgenommen hatte, war nicht zu erkennen. Jedenfalls blieb sie nicht bei Birgit, Matteo und Wim stehen, sondern wandte sich Wims Wagen zu, der unweit im Parkverbot stand. „Da parke ich immer", sagte Wim, „ich werde nicht aufgeschrieben." Ein Anflug des für ihn früher typischen listigen Grinsens huschte über sein ungepflegtes, aber wieder belebtes Gesicht. Nun war klar, daß Wim kein Pflegebett mehr benötigte, einen Teil seiner Gedanken wieder zusammenhatte und ohne Rollator mehr als nur ein paar Meter gehen konnte. Gott sei Dank! Wanda würde ihre Beerdigungspläne für ihren Mann vorerst aufgeben müssen, Uta mußte für die restliche Geldbeschaffung ihre Vollmacht bemühen und Utas Kinder konnten das „Blümchengießen am Grab" erst einmal in Trockenübungen erlernen.

Wenn Wanda kochte, dann allenfalls vor Wut. Denn über ihre Anwältin waren ihr wohl die Briefe zur Kenntnis gelangt, die Tochter Birgit in ihrer Sorge um das Wohl ihrer Eltern an Ärzte und Ämter geschrieben hatte. Es machte naturgemäß keine Freude, als verwirrt und behandlungsbedürftig beschrieben zu werden. Das war für Wanda und auch für Wim mit Gewißheit noch schrecklicher als die Tatsache, es wirklich zu sein. Doch wie konnte man die Experten des Rechts und der Medizin anders dazu anregen, für kranke Menschen aktiv zu werden, als Tacheles zu reden? Daß sie und Matteo nach anfänglicher Unterstützung und sogar Aufforderungen von ärztlicher Seite schließlich im Stich gelassen würden, konnte Birgit nicht ahnen. Aber es hätte auch nichts an ihrem Vorgehen geändert. Denn sie war bevollmächtigt gewesen, und Handeln war angesagt gewesen. Ärzte und Ämter hatten sich am Ende verweigert. Eine schlimme Erfahrung.

Zum Beispiel wäre es nötig gewesen, daß ein Arzt die Patientin Wanda auf das Zwei-Phasen-Präparat Zykloproginom angesprochen hätte. Das war ein Östrogenpräparat, das Wanda noch zumindest bis ins Alter von 86 Jahren eingenommen hatte. Irgendwann vergaß sie entweder die regelmäßige Einnahme oder hatte die Pillen bewußt abgesetzt: Das führte zu Schäden im Hirn. Birgit erinnerte sich an die Erzählungen eines ehemaligen Hausarztes, der dergleichen vor Jahren von seiner eigenen Mutter berichtet hatte: Die alte Dame war nach dem abrupten Abschied von ihren Östrogenportionen wegen der schlimmen Folgen fürs Hirn ein halbes Jahr in der Nervenklinik untergebracht und therapiert worden.

Kennen Sie den örtlichen Markt und die Üblichkeiten der privaten Pflegedienste so, daß Sie im Bedarfsfall unmittelbar und sachkundig handeln können?

GELDGIER, NEID UND HASS:
Wenn Demenz den wahren Charakter outet

Ende des Monats kam es zu einem erneuten Beratungstermin beim Fachanwalt für Erbrecht. Birgit und Matteo wurden von Regine und ihrem Mann Fritz begleitet. Die vier Düpierten zeigten dem Experten die Einzelvollmacht, mit der Uta nun mit ihren Eltern und deren Vermögen tun und lassen konnte, was sie wollte. Oder auch nicht? Danach sollte die Frage geklärt werden, wie Birgit sich gegen die Machenschaften ihrer Schwester würde wehren können, wenn diese sich auf der Basis der neuen Vollmacht das gesamte Vermögen der verwirrten Eltern aneignete. Oder auch nur einen Teil davon. Jedenfalls so viel, daß Birgit im Erbfall mit mehr oder weniger leeren Händen dastand, Pflichtteil hin oder her.

Der Anwalt zeigte sich zunächst überrascht über den letzten Satz der beiden identischen Vollmachtsverträge: „Durch Verhandlung überzeugte sich der Notar von der Geschäftsfähigkeit der/des Erschienenen." Bei so alten Menschen, ließ der Anwalt wissen, hätte es einer genaueren Darstellung bedurft, unter welchen Umständen der Notarakt stattgefunden hatte und in welcher Weise er sich von der Geschäftsfähigkeit von Wim und Wanda überzeugt hatte. In § 11 des Beurkundungsgesetzes heißt es in Absatz 2: „Ist ein Beteiligter schwer krank, so soll in der Niederschrift vermerkt und angegeben werden, welche Feststellungen der Notar über die Geschäftsfähigkeit getroffen hat." Entsprechende ausführliche Erläuterungen, so der Fachanwalt, gehörten überdies an den Anfang des Vertragstextes, nicht lapidar ans Ende.

„Fehlt einem Beteiligten nach der Überzeugung des Notars die erforderliche Geschäftsfähigkeit", so fordert Absatz 1 des Paragraphen 11 Beurkundungsgesetz, „so soll die Beurkundung abgelehnt werden. Zweifel an der erforderlichen Geschäftsfähigkeit eines Beteiligten soll der Notar in der Niederschrift feststellen." Dies hatte der Notar nun nicht getan, obwohl nach Abklingen des Durchgangssyndroms bei Wim nach wie vor ein atrophisches Gehirn den Geisteszustand stark beeinflußte. Wie sich beim Gespräch auf der Straße für Birgit und Matteo herausgestellt hatte, wußte er in Sachen neuer Vollmacht nach wie vor nicht, daß und was er da unterschrieben hatte. Bei Wanda war ohnehin deutlich für alle, die mit ihr zu tun hatten, erkennbar, daß sie nicht wirklich als zurechnungsfähig gelten konnte.

Der Anwalt riet seinen vier Besuchern, die Beiderbacher Amtsrichterin unter Nennung des alten Aktenzeichens erneut anzuschreiben und alle belegbaren Indizien für die mangelnde Zurechnungsfähigkeit von Wanda aufzulisten. Das habe Birgit zwar in ihren diversen Schreiben an Richterin, Arzt und Kreisverwaltung schon getan, aber nicht eindringlich und nicht konkret genug. Jetzt gelte es, zu jedem Indiz Zeugen mit ladungsfähigen Anschriften zu benennen und die Richterin neu zur Arbeit zu motivieren. Die Frau sei vielleicht an der Sache bislang nicht sonderlich interessiert gewesen. Daß sie Birgit und Matteo schriftlich gebeten hatte, beim Hausarzt ein Attest für Wanda zu besorgen, das sei im Übrigen ein merkwürdiger Vorgang gewesen. Vor ein solches Vorgehen habe der Gesetzgeber das Arztgeheimnis gesetzt.

Betroffen reagierten Birgit und Matteo auf die Aussagen des Anwalts, ihren bisherigen Schreiben sei eine gewisse Begehrlichkeit zu entnehmen. Es könne der Eindruck entstehen oder wenigstens behauptet werden, als ginge es Birgit vor allem und zuerst um das Erbe, um das Geld und Vermögen der reichen Eltern. Der Experte formulierte diese Argumentation bewußt sehr deutlich: Er machte den beiden eindringlich klar, daß es nicht reiche, ein „Gutmensch" zu sein, man müsse das in dieser Sache auch kritischen Gemütern „rüberbringen" und jeden Anschein von Geldgier vermeiden. In der Sache sollte es zunächst darum gehen, bei der Richterin doch noch eine sogenannte „Amtsermittlung" zu erreichen, um die Zurechnungsfähigkeit von Wanda klären zu lassen.

So setzten sich denn Birgit und Matteo zusammen. Sie telefonierten mit potentiellen Zeugen, die bestimmte Aussagen und Verhaltensweisen Wandas würden bestätigen können. Nachdem einen Tag nach dem Anwaltsgespräch ein kurzes Schreiben der Amtsrichterin bei Birgit eintraf, war Eile geboten. In dem Brief hieß es, dem Amtsgericht sei die Generalvollmacht zugunsten Frau Uta Bergs zugegangen; für eine Betreuung sei nun kein Raum mehr. Aber sicher war noch Zeit für die längst fällige Prüfung, ob Wanda und Wim wirklich alle Tassen im Schrank hatten. Birgit und Matteo stellten also die Belege in Richtung Wandas Verwirrtheit in einem Entwurf zusammen und ließen ihn vom Fachanwalt überprüfen. Der aber schrieb gebührenpflichtig zurück, daß die Fakten doch eher dünn seien.

Er hatte für hundertfünfundzwanzig Euro überlesen, daß es Birgit und Matteo zunächst nicht mehr um die erneute Beantragung einer Betreuung für Wim und Wanda ging, sondern um eine fachärztliche Untersuchung des Gesundheitszustandes der Mutter und Schwiegermutter. Würde diese Untersuchung dazu führen, daß doch eine Betreuung angezeigt sei, so wäre deren neuerliche Beantragung der nächste Schritt gewesen – und ein gesondertes Vorgehen gegen den Notar, der die neue Vollmacht bewerkstelligt hatte. Die Rückfrage an den Anwalt ging per Mail heraus.

Dies war der Wortlaut des Entwurfs; jedem der genannten Punkte waren die Namen und Kontaktdaten der Zeugen beigefügt.

Am [...] hat meine Mutter Wanda Geiß und am [...] hat mein Vater Wim Geiß gleichlautende Vollmachten unterschrieben, die Ihnen inzwischen vorliegen.

Der ausführende Notar bestätigt darin am Textende lapidar, er habe sich „durch die Verhandlung von der Geschäftsfähigkeit der/des Erschienenen" überzeugt. Angesichts des Alters meiner Eltern und ihrer von zahlreichen Kontaktpersonen als kritisch erkannten geistigen Verfassung halte ich die Begründung der Bestätigung für zweifelhaft.

Mein Vater konnte sich am Mittwoch, den [...], bei einem zufällig auf der Straße zustande gekommenen Gespräch mit mir und meinem Mann nicht einmal daran erinnern, eine Vollmacht unterschrieben zu haben: „Das glaube ich nicht."

Was die Zurechnungsfähigkeit meiner Mutter betrifft – die seit Wochen jeden Kontakt mit mir und meinem Mann vermeidet –, so hat sich mein Eindruck verfestigt, daß sie in einer eigenen Welt lebt und daß ihre Wahrnehmung von Realität empfindlich gestört ist.

Ich stelle Ihnen in diesem Schreiben Zitate und Indizien aus den letzten Monaten und Wochen zusammen, die es m. E. unbedingt angeraten sein lassen, den Geisteszustand meiner Mutter amtsärztlich überprüfen zu lassen. Auch eine fachmedizinische Untersuchung zur Geschäftsfähigkeit meines Vaters steht noch aus.

Bei meiner Mutter geht es darum, die schon früher vom Hausarzt Dr. Frei und vom Chefarzt des Beiderbacher Krankenhauses, Prof. Dr. Bildhauer, mir gegenüber befürchtete „Eigen- und Fremdgefährdung" (letztere für meinen Vater) auszuschließen. Die Namen der Zeugen sind mit ladungsfähigen Adressen jeweils hinzugefügt.

Am Sonntag, den [...], haben mein Mann und ich über die ärztliche Notrufzentrale und Herrn Dr. Frei den Vater aus verwahrlostem Zustand aus der Verwahrung meiner Mutter herausholen und ins Beiderbacher Krankenhaus fahren lassen. Er war dehydriert, hatte Blasenentzündung und Lungenentzündung, hatte eingekotet, war völlig hilflos und apathisch, er wollte nur noch sterben. In der folgenden Nacht kam es im Krankenhaus mit ihm noch zu einem extremen Notfall. Der Zustand ihres Mannes war meiner Mutter offenbar nicht bewußt. In ihrer Welt ist es nun aber meine Mutter gewesen, die den Arzt gerufen habe.

Frau Geiß hat seit dem [...] insgesamt vier versicherungsrelevante Verkehrsunfälle verursacht. Beim letzten am [...] kam es zu hohen Sachschäden, zur versuchten Fahrerflucht und zu heftigsten Aggressionen gegen die herbeigerufenen Polizeibeamten. Die Wahrnehmung meiner

Mutter ist, daß sie an keinem der Unfälle schuld sei. Sie werde auch ohne Führerschein weiterhin Auto fahren. Das nach einer polizeilichen Hausdurchsuchung ihr übergebene Protokoll werde sie dann ihrem Steuerberater geben, sagte meine Mutter.

Meine Mutter hat vergessen, daß sie Angehörige hat.

Am […] werden mein Mann und ich auf der Station des Beiderbacher Krankenhauses auf die Verwirrtheit meiner Mutter angesprochen. Das Fazit dort ist, wörtlich: „Wenn die so weitermacht, kommt sie in die Anstalt."

Für den […] vormittags hatte Prof. Dr. Bildhauer, Chefarzt am Beiderbacher Krankenhaus, meinen Mann und mich zu einem Gespräch gebeten. Dabei ging es ihm nicht um seinen Patienten Wim Geiß, meinen Vater, sondern um die ihn gelegentlich besuchende Wanda Geiß, meine Mutter. Prof. Dr. Bildhauer mahnte uns eindringlich: „Sie müssen etwas tun. Diese Frau ist eine Gefahr für sich und andere!"

Meine Mutter hält sich für eine Ärztin. Sie kann „alles" und weiß „alles". Sie berichtet so wiederholt im Zeitraum […] der Nonne, am […] meinem Mann und mir.

Meine Mutter glaubt, daß sie allmächtig sei. Wörtlich: „Der liebe Gut tut das, was ich ihm sage."

Dr. Frei, der Hausarzt meiner Eltern, sagt meinem Mann und mir anläßlich eines Besuchs in seiner Praxis am […], 13.30 Uhr: „Ich beobachte seit Monaten, daß der geistige Zustand von Frau Geiß in immer kürzeren Abständen nachläßt. Ich habe ihr zu einer Untersuchung in meiner Praxis geraten. Sie hat den Termin storniert. Das finde ich schon sehr bedenklich." Dazu kam dann der unter 6. zitierte Satz.

Anruf aus dem Pflegeheim am […], 12.50 Uhr, in dem mein Vater nach dem Krankenhausaufenthalt in Pflege war: Die Pflegerinnen wollten bitte nur noch mit mir sprechen, keinesfalls mehr mit meiner Mutter.

Meine Mutter erinnert sich in ihrer Welt, daß ich ihr den Führerschein weggenommen habe, und berichtet entsprechend.

Meine Mutter hat in ihrer Erinnerung die Mutter meines Vaters (die alleine in Runkel lebte und am [...] 95jährig starb) über Jahre hinweg gepflegt. (Insbesondere ich und mein Mann, der im gleichen Haus ein Büro hatte, haben uns intensiv um sie gekümmert, meine Mutter hat über viele Jahre hinweg nicht einmal mit meines Mannes Mutter telefoniert, geschweige denn sie besucht.)

Meine Mutter äußerte mehrfach, unsere gelegentliche Gartenhilfe habe (in Wirklichkeit nicht vorhandene) Pflanzen aus ihrem Garten gestohlen.

Meine Mutter lebt in einer Welt, in der sie vor allem vermeintliche oder tatsächliche, auch geringste Unpünktlichkeit anderer Menschen nicht geistesgegenwärtig verarbeiten kann. Sie redet dann wirr, wird ausfallend und aggressiv.

Im Umgang mit Menschen zeigt sich meine Mutter als nicht weiter vernünftig ansprechbar, sobald ihren Wünschen nicht umgehend und umfassend entsprochen wird. Sie redet wirr, wird ausfallend und aggressiv.

Meine Mutter hat einen Landschaftsgärtner damit beauftragt, sobald wie möglich einen Zaun entlang unserer gemeinsamen Grundstücksgrenze zu errichten, „damit sie unseren Gärtner nicht mehr sehen muß".

Mit ihren Grundstücksnachbarn zur linken Seite hat meine Mutter nach rund 30 Jahren bester Nachbarschaft grundlosen, sinnlosen und aus Verwirrung geführten Streit angefangen.

Die meine Mutter betreuende Bank stellt die Geschäftsfähigkeit meiner Mutter nach einschlägigen Erfahrungen bei Geschäftsbesprechungen schon länger in Frage. So erkundigte sich die Sachbearbeiterin (Investment- und Finanzabteilung) nach längerer, krankheitsbedingter Abwesenheit bereits im [...] dieses Jahres bei mir zum weiteren „geistigen Abbau" meiner Mutter. (Frau N. N. führt wieder wöchentlich Beratungsgespräche mit meiner Mutter, dies schon seit 2,5 Jahren.) Sie ist auch zu telefonischen Auskünften bereit.

Am […] berichtet meine Mutter erstmals (und fälschlich) meiner Tochter und deren Mann, sie habe ihren „alten Schwiegersohn" (meinen ersten, vor 28 Jahren von mir geschiedenen Mann) am liebsten und träfe sich regelmäßig mit ihm zum Kaffee.

Mehrfach berichtet meine Mutter aus ihrer eigenen Welt ernsthaft, ihr 2(!)jähriges Enkelkind habe ihr aus der Zeitung vorgelesen.

Anläßlich eines Kurzaufenthalts meiner Eltern im Salzburger Land, wo sie Wohnungen vermieten und ein Hotel verpachtet haben (in dem sie auch die eine Nacht gewohnt haben), stellt sich heraus: Beide haben vergessen, daß sie nebenan seit 12 Jahren eine eigene, große Wohnung besitzen, die sie bislang selbst für Ferienaufenthalte und über Wochen und Monate hinweg als Zweitwohnsitz nutzten.

Sehr geehrte Frau Korp, bitte lassen Sie die Geschäftsfähigkeit meiner Eltern von Amts wegen überprüfen.

Verschickt wurde der Briefentwurf nicht sofort.

Die Antwort des Anwalts auf die Rückfrage kam zwei Tage später und wirkte wie von der Gegenseite verfaßt. Er riet im Grunde davon ab, erneut einen Antrag auf Betreuung zu stellen. Dies sollte der vorgesehene Brief ans Amtsgericht aber gar nicht bezwecken. Vielmehr ging es darum, Wim und Wanda endlich einmal einer fachärztlichen Untersuchung ihres Geisteszustandes zuzuführen. Der Anwalt schrieb unter anderem: „Es fehlen hinreichende Anhaltspunkte, welche rechtlich relevante geistige Ausfälle bestätigen würden." Sollte dies das Zeichen zur Aufgabe sein? Matteo mailte dem Anwalt kurz die Nachfrage, ob er denn auch vom eigentlich geplanten Antrag auf ärztliche Untersuchung abrate.

Der beratende Anwalt hatte das Anliegen entgegen eines ersten Anscheins nicht falsch verstanden. Denn auf eine Nachfrage zum eigentlichen Thema einer fachärztlichen Untersuchung der beiden Alten schrieb er ergänzend: „Das Gesetz kennt keinen isolierten Antrag auf ärztliche Untersuchung in diesem Zusammenhang. Die ärztliche Untersuchung kann durch das Gericht nur als Mittel zum Zweck angeordnet werden. Wenn aus Sicht der Richterin Bedarf besteht, die Frage der Geschäftsfähigkeit zu klären, kann sie sich zum Zweck der Klärung einer dann anzuordnenden ärztlichen Untersuchung bedienen, mehr nicht." So, so. Also eine neue Gummiwand, gegen die Birgit und Matteo gelaufen waren? Sie berieten, was nun zu tun sei. Sie würden Regine und Fritz einbeziehen, die sich samt Nachwuchs für den folgenden Tag, ein Samstag, angesagt hatten.

An diesem Tage wollte Regine ihre Oma Wanda, unbedingt in Anwesenheit von Wim, laut und deutlich, auch für geistig Verwirrte und für Schwerhörige verständlich, fragen: „Warum hast du deinem Sonnenschein und der 1jährigen das Ausbildungsgeld entzogen und der geldgeilen Uta vermacht?" Der Sonnenschein war die so von Wanda immer wieder mal beschriebene 3jährige Urenkelin, die ihr vor einem Jahr angeblich schon aus der Zeitung vorgelesen hatte. Die 1jährige war deren jüngere Schwester. Der früher einmal geplante Satz „Bist du so, weil Uta dich aufhetzt, oder bist du wirklich bekloppt?" hatte sich erübrigt, weil offensichtlich beide vermeintlichen Alternativen zutrafen.

Zunächst aber besprachen sich die vier Erwachsenen, Birgit, Matteo, Regine und Fritz, wie denn angesichts des Anwaltsbriefes vorgegangen werden sollte. Auch Regine empfand den Brief, als sei er von der Gegenseite geschrieben. Aber der Verdacht, Uta habe den gleichen Anwalt genommen und dieser übe sich nun gegenüber Birgit in Mandantenverrat, wurde selbstironisch als Verfolgungswahn verworfen. Man wollte sich nicht verrückt machen. Das galt auch für die schon früher geäußerte Vermutung, Dr. Frei sei von Uta bestochen worden, damit er das für ein Betreuungsverfahren erbetene ärztliche Attest verweigere. Freiberufliche Ärzte zu bestechen war straffrei; die pharmazeutische Industrie stand im Gerücht, reichlich Gebrauch von dieser Gesetzeslücke zu machen.

Regines leiblicher Vater, Anwalt von Beruf, arbeitete eng mit einem weiteren Fachanwalt für Erbrecht zusammen – diesem wollte Regine nun den für Frau Korp gedachten Briefentwurf ebenfalls zur Prüfung vorlegen. Danach wollte sie weiter entscheiden, ob der entworfene lange Brief in seiner Endfassung überhaupt an die Amtsrichterin abgeschickt werden sollte.

Das Gespräch, das Regine am Sonntagnachmittag bei ihren Großeltern führte, blieb ohne erfreuliches Ergebnis. Wanda leugnete zunächst, die auf ihre Urenkel abgeschlossenen Ausbildungsverträge auf Uta umgeschrieben zu haben. Erst ganz zum Schluß gab sie es zu und log sich fadenscheinige Gründe zusammen: Die anderen Enkel hätten ja von ihr noch kein Geld vermacht bekommen, und für die sei das Geld ja nun gedacht. Wanda setzte Urenkel hier und Enkel da gleich und sagte die Unwahrheit. Die beiden Töchter und Utas Sohn waren bereits früher wohlhabend gemacht worden, und das nicht zu knapp. Freilich hatte Wanda immer noch ihre Hände drüber. Uta und Roman würden die geschenkten Immobilien nicht beleihen können, ginge es der eigenen kleinen Firma wieder einmal schlecht oder wären ihre Lebenshaltungskosten im Vergleich zu den Einnahmen auf Dauer zu hoch.

Regine durfte ihre Kinder für ein paar Minuten aus dem Haus ihrer Mutter nebenan zu Uroma und Uropa holen, aber auch das half nichts: Verwirrung und Verlogenheit gingen bei Wanda Hand in Hand, Verwirrung und Verleugnung bei Wim. Der wußte erneut nichts von der Generalvollmacht, die einer Selbstaufgabe gleichkam, die er unterschrieben hatte. Eins war ihm aber klar: Nie mehr werde er mit Matteo ein Wort wechseln. Hatten Birgit und Matteo doch den Behörden geschrieben, sie hatten ihn seinerzeit aus der Verwahrlosung herausgeholt. So richtig diese Darstellung war, von der noch schrecklicheren Wahrheit war gar keine Rede mehr: Birgit und Matteo hatten Wim das Leben gerettet.

Auch daß Wim sich wenige Tage zuvor friedlich und freundlich mit Matteo auf der Straße unterhalten hatte, war dem alten Mann entfallen. Die beiden Großeltern, so das Resultat für Regine, waren für diese Welt verloren, die Beeinflussung und Hetze Utas waren in all der Verwirrtheit allgegenwärtig. Vor ihren kleinen Kindern mußte sie, zurück bei Birgit und Matteo, ihre Tränen unterdrücken. Daß sie von ihrer Oma rasch 150 Euro in die Hand gedrückt bekommen hatte, „für Weihnachtsgeschenke", änderte an der Katastrophe nichts. Die Betroffenheit und Bedrücktheit über solche Eltern, Schwiegereltern und Großeltern, da waren sich alle einig, würde sich erst später lösen: wenn die beiden Alten gestorben wären.

Wenn nun auch der Anwaltskollege von Regines leiblichem Vater von einem erneuten Brief an die Amtsrichterin Korp abraten würde, dann hatten sich die Bemühungen von Birgit und Matteo um Vernunft und Fürsorge, um Ethik und Gerechtigkeit endgültig erledigt.

Die neuerliche Prüfung zog sich hin. Anwälte neigen wohl allgemein zur Langsamkeit und Terminverschiebung; um so erstaunlicher waren die prompten Antworten des Fachanwalts für Erbrecht gewesen.
    Mitte […] war Uta wieder kurz im Lande und besuchte ihre Eltern. Geschlafen wurde, wie schon zuletzt, im Hotel. Im großen Haus der Alten zu nächtigen, das tat sich die Tochter nun nicht mehr an. Die Gründe des Treffens blieben Birgit und Matteo natürlich verborgen, Liebe und zweckfreie Zuwendung der Tochter zu ihren verwirrten Eltern würden es nicht gewesen sein. Vielleicht war Thema, daß angesichts der winterlichen Straßenverhältnisse nicht mehr das werktägliche Mittagessen per eige-

nem Pkw ins Haus geholt werden konnte oder sollte. Woher also würden Wim und Wanda nun etwas zum Verzehr bekommen, wo doch das „Essen auf Rädern" als geschmacklose Zumutung empfunden worden und aus Wanda noch immer keine Köchin geworden war? Heiligabend kam die Mitteilung, daß auch der zweite Fachanwalt meinte, die für Wim und Wanda dokumentierten Verwirrtheitssymptome reichten nicht aus, um eine fachmedizinische Untersuchung der beiden Alten durchzusetzen. Basta!

Haben Sie die „rote Linie" definiert, die Ihre Eltern und Schwiegereltern nicht überschreiten dürfen? Wissen Sie also, wie Sie sich ganz individuell und selbstbewußt vor unangemessener emotionaler, sachlicher und finanzieller Inanspruchnahme schützen würden?

EINSICHTEN UND AUSSICHTEN:
Die Katastrophen werden kein Ende nehmen

Wim und Wanda hatten seit Jahren bereits beschlossen, weder für alt gehalten zu werden noch sich altersgerecht zu verhalten. Sie glaubten sich ewig jung, wichtig und allmächtig. Reflexion war ihre Sache nicht, realistische Ergebnisse aus Nachdenken wären als Demütigung empfunden worden, aber Nachdenken im Sinne von Besinnung war intellektuell ohnehin unmöglich. Aus – zunehmend enttäuschten – Allmachtsphantasien, die ihnen in früheren Jahren viel zu oft bestätigt worden waren, waren Aggressionen und Haß gewachsen. Wo junge Menschen vielleicht Passanten zusammenschlugen oder mit Maschinenpistolen im Anschlag Amok liefen, da straften Wim und Wanda mit ihren Waffen ab: üble Nachrede, Lug und Trug, Niedertracht. Sie richteten sich nicht nur gegen die eigenen Nachkommen, auch andere Verwandte und Bekannte waren Ziel ihrer psychopathischen Reflexe. Nicht zuletzt wandten sie sich gegen sich selbst, die „Eigen- und Fremdgefährdung" war ganz konkret.

In ihrem Haß auf Widerspruch war Wanda flexibel. Nach dem Jahreswechsel half ihr eine ehemalige Angestellte, Marietta Bauer, bei der Erstellung von Nebenkostenabrechnungen für einen kleinen Gewerbekomplex. Das bedeutete, sie ordnete die chaotisch abgelegten Buchhaltungsunterlagen, so gut es ging, lehnte für die Richtigkeit der Abrechnungen jede Verantwortung ab und wunderte sich, daß die diversen Mieter angesichts der kaum nachvollziehbaren Endabrechnungen nicht schon seit Jahren auf die Barrikaden gingen. Marietta, die viele Jahrzehnte in der Buchhaltung von Wim und Wandas ehemaliger Handelsfirma gearbeitet und sich dort bei kleinem Gehalt und reichlich Steuerschummelei großes Vertrauen erworben hatte, war erschrocken über Wandas aktuelle geistige Verfassung.

Wandas wirre Parallelwelt hatte sich über Weihnachten und den Jahreswechsel hinweg erweitert, und Marietta hatte Birgit viel zu erzählen: Mehr denn je hielt sich Wanda für eine Ärztin, wußte aber auf die Frage nach der von ihr erlernten Fachrichtung nach wie vor keine Antwort. Wenn Wanda nicht weiterwußte, weil sie mit ihren erfundenen Geschichten offensichtlich in einer Sackgasse landete, dann haspelte sie etwas Unverständliches und gestikulierte mit beiden Armen vor ihrem Gesicht. Sie sei beste Kraft eines Kölner Professors gewesen, ließ sie wissen, auch ihr Steuerberater sei Professor. Der Christliche Sozialdienst fuhr nur noch selten vor und blieb allenfalls wenige Minuten. Hilfe im Alltag brauche sie nicht, sie könne alles selber. Wenn sie mal Hilfe benötigen würde, dann wolle sie sich aus der Fülle ihrer Freundinnen Frau Willstadt aussuchen, eine Wanda gerade mal flüchtig bekannten Nachbarin aus dem Haus gegenüber.

Dr. Frei, der Wanda nun offenbar doch zu einer fachmedizinischen Untersuchung drängte, sei ein blöder Arsch, Lackel, Trottel und dergleichen mehr. Ihr Auto habe sie verkauft, sie brauchten ja nun kein zweites Auto mehr, sie würden sich den Wagen von Wim teilen. Daß sie keinen Führerschein mehr hatte und nicht Auto fahren durfte, überspielte die alte Dame. Die „Polin" – „die hat immer und nur gelogen" –, die Wanda aus dem Haus geekelt hatte, habe sie „eigenhändig" in einen Nachbarort gefahren. Hoffentlich nicht! Wim saß bei Wandas Tiraden nur stumm dabei und stierte vor sich hin. Er schien mit dem Leben abgeschlossen zu haben: Schon vor etlichen Jahren hatte er Birgits Frage, warum er sich nicht scheiden lasse, so beantwortet: So etwas mache man nicht. Außerdem sei es zu spät für eine Trennung.

Uta könne derzeit nicht nach Beiderbach kommen, sie habe sich im Urlaub am Bein verletzt, hieß es. Ein Arzt habe ihr Autofahren verboten. Fliegen und Zugfahrten hatte er sicher nicht untersagt. Wanda jedenfalls mußte in letzter Zeit keine weiteren von einem Beiderbacher Hotel ausgestellten Übernachtungsrechnungen ihrer Tochter Uta begleichen, wie sie Marietta bei den

Buchhaltungspapieren gefunden hatte. Auch durch diese Belege stellte sich zunehmend heraus, daß Uta finanziell nicht gut gebettet war, allerdings hatte es für den jährlichen Familienurlaub zu Weihnachten in Bali auch diesmal noch gereicht. Insgesamt wurden ihr Lebensstil und der ihrer Familie als aufwendig und unangemessen teuer angesehen. Der Tsunami 2004 hätte der gesamten Familie Berg fast das Leben gekostet. Statt Uta, die ja nun zumindest vorläufig nicht mehr komme, werde dann eben ihr Gatte Roman immer wieder mal bei Wim und Wanda nach dem Rechten sehen, kündigte Wanda ihrer treuen Seele Marietta an.

Wenn Uta das so wollte, mußte Roman sich wohl fügen. Denn nachdem er vor Jahren seine österreichische Firma in den Konkurs geführt hatte, hatte Uta mit einem kräftigen Kredit von Wanda die Regie übernommen und war nun Eigentümerin des Unternehmens für Uhrenzubehör. Mit von der Partie als Gesellschafter war noch ein Ausländer, mit dem Utas Betrieb wohl eine wichtige Kundenbeziehung unterhielt. Roman jedenfalls war kein Chef oder Geschäftsführer mehr, er zeichnete seit dem Eigentümerwechsel fürs Personal verantwortlich – eine wichtige Aufgabe bei insgesamt fünf Mitarbeitern, Roman und Uta inklusive. Der von Wanda grenzüberschreitend gegebene zinslose Kredit über eine halbe Million Euro war bislang nicht getilgt worden, als verschwiegene Schenkung wohl ein Fall fürs Finanzamt. Matteo dagegen hatte zweimal einen Kredit von Wanda bekommen: Über je 100 000 Euro zu fünf Prozent Zinsen – und beide Darlehen pünktlich bedient und nach wenigen Monaten zurückbezahlt. Roman wurde übrigens in Folge niemals bei Wanda und Wim gesehen.

Marietta berichtete Birgit von ihrem Eindruck, daß Wanda auch ihre jüngere Tochter nicht oder nicht mehr umfassend mit der Verwaltung ihres ungewiß großen Vermögens beauftragt hatte. Damit wäre zu erklären gewesen, daß Uta sich schon über viele Wochen hinweg nicht mehr in Beiderbach gezeigt hatte. Um ihre Mutter war sie jedenfalls nicht besorgt, allenfalls um deren Geld.

Führen Sie ein Protokoll der Ereignisse. Es hilft Ihnen später, die Geschehnisse mit und um demente Eltern und Schwiegereltern nachzuvollziehen, Ihr Tun und Unterlassen vor Dritten zu begründen und notfalls zu rechtfertigen. Nicht zuletzt haben die Notizen eine befreiende Wirkung für Sie selbst. Die Autoren dieses Buches können auch diesen letzten und dabei nicht unwichtigsten Nutzen bestätigen.

SELBSTZWEIFEL:
War es richtig, sich von den bösen Eltern zu distanzieren?

Heiligabend. Heute vor einem Jahr war Birgit noch mit Geschenken nach nebenan gegangen, obwohl ihre Mutter sie sechs Wochen zuvor wieder einmal aus dem Haus geworfen hatte. Die Tochter hatte es gewagt, in einer nicht mehr erinnerten Sache nicht belogen werden zu wollen.

In diesem Jahr stand ein weihnachtlicher Besuch nicht mehr auf dem Programm. Inzwischen war es für Birgit und auch für Matteo undenkbar geworden, mit diesen Menschen jemals wieder ein Wort zu wechseln. Im Gegenteil: Die bösen Eltern sollten es wagen, ihrer Tochter und ihrem Schwiegersohn noch einmal unter die Augen zu treten! Nach all dem, was in den vergangenen Monaten geschehen war!

Auf der anderen Seite: Wim war nicht mehr in der Stadt gesehen worden; warmes Essen hatte er sich offensichtlich seit vielen Tagen schon nicht mehr gekauft. Der äußerst seltene und kurze Besuch einer Sozialarbeiterin würde ihm wenig helfen. Nahm er seine lebenswichtigen wichtigen Tabletten noch? Bekam er etwas zu essen? War er unter Kontrolle des Hausarztes? Die Ungewißheit darüber, was im Haus nebenan geschah und unterlassen wurde, war nicht leicht zu ertragen. Aber Birgit und Matteo waren die Hände gebunden. Wäre die Geschichte mit den bösen Eltern und der schlimmen Schwester besser für alle Beteiligten verlaufen, wenn Birgit weiter ihren Kummer heruntergeschluckt und die Aggressionen und Verwirrtheiten ihrer Mutter – und letztlich auch die ihres Vaters – übergangen hätte? Hätte die Schwester sich nicht weiter bereichert, wenn sich Birgit wie in ihren 60 Lebensjahren zuvor geduckt hätte?

Was war erreicht worden? Nichts. Nur Birgits und Matteos Psyche war dank der gewonnenen – oder eher doch aufgezwungenen – Distanz gerettet worden, immerhin. Im […] fuhr Wim wieder Auto, stets in Begleitung von Wanda, die ihn offenbar zu diesen gefährlichen Unternehmen zwang. Wim konnte kaum noch übers Steuer hinwegschauen, die Beulen am Mercedes nahmen wöchentlich zu. Er parkte auf Zebrastreifen und Bürgersteigen und stellte auf privaten Parkplätzen geparkte Autos zu. Ein Unfall mit Personenschaden war nur eine Frage der Zeit. Die beiden alten Menschen bekamen keinen Besuch und wollten keinen Besuch. Die Haushälterin hielt es halbtags weiter bei ihnen aus, und gelegentlich schaute der soziale Dienst vorbei. Die Tochter aus Österreich und deren Kinder ließen sich nicht mehr blicken, auch Birgits Tochter machte keine Versuche zu Besuchen mehr. Welche kleinen und großen Dramen mochten sich hinter den Mauern des großen Einfamilienhauses tagtäglich abspielen? Wim und Wanda waren nicht nur in ihrer Verwirrtheit allein, sie waren einsam. Aber sie wollten es so, und eine Ärztin war ja angeblich im Haus: Wanda, die böse Mutter.

Erstmals erzählte Birgit ihrem Mann, daß Schläge für sie und ihre nun mißratene Schwester in Kindheit und Jugend an der Tagesordnung gewesen waren. Vater Wim schlug beim geringsten Anlaß überall hin, Mutter Wanda schlug vor allem ins Gesicht ihrer Töchter. Setzte sich Wanda einmal zu den Kindern, um bei den Hausaufgaben zu helfen, gab es sofort Schläge, wenn etwa die Mathematikaufgaben nicht zügig gelöst wurden. Wanda, die ehemalige Volksschullehrerin, begeistertes Mitglied in der Nazi-Organisation BDM, Bund Deutscher Mädel, der parteiamtlichen Mädchenorganisation der Nationalsozialistischen Deutschen Arbeiterpartei (NSDAP) und dort rasch zur Führerin aufgerückt, hatte schon immer ihre eigenen Methoden, Macht auszuüben. Auch die Kindermädchen durften, so lange die Mädchen klein waren, jede Art körperlicher Züchtigung wagen.

Eine neue Studie der Universität Leipzig belegt, daß jeder dritte, der in den alten Bundesländern lebt, ein rechtsextremes Weltbild hat – im Osten Deutschlands ist es jeder dritte junge Mensch, der nach 1981 geboren ist. 10 000 Menschen wurden für die seit 2002 laufenden und 2013 wiederholten Untersuchungen befragt. Für die verbreitete Ausländerfeindlichkeit und den über die Jahrzehnte hinweg zu beobachtenden Antisemitismus sehen die Forscher aktuell zwei Ursachen: wirtschaftliche Perspektivlosigkeit – bei Wim und Wanda nicht zu befürchten – und fehlende historische Aufarbeitung der Diktaturerfahrung. Es heißt, in den alten Bundesländern neigten vor allem die vor 1940 Geborenen zu einer Verharmlosung des Nationalsozialismus, vor 1930 Geborene vertreten demnach sogar dezidiert antidemokratische Einstellungen. Wim und Wanda sind in ihrer Tumbheit also nicht alleine.

Bedenken Sie bei Ihren Entscheidungen gegenüber bösen Eltern mögliche Alternativen, den „Plan B"? Suchen Sie sich Rat bei sachverständigen Freunden, Experten und solchen Menschen, die Vergleichbares erlebt haben oder erleben, und deren Menschlichkeit und Klugheit Sie vertrauen?

BÖSE OHNE ENDE:
Das Leben geht weiter

Ellen, die Haushaltshilfe von Matteo und Birgit, klingelte an der Türe nebenan, um ihrer Kollegin ein kleines Geschenk zu überreichen, das sie von ihrem Heimaturlaub in Brasilien mitgebracht hatte. Ja, Ellen war ein paar Wochen lang in ihrer Heimat gewesen, und sie würde in absehbarer Zeit für immer dorthin zurückkehren. Zwar hatte sie kürzlich die deutsche Staatsangehörigkeit erworben, doch nun zog es sie zurück zu ihrer Familie im Südosten Südamerikas. Gemeinsam mit ihrem Bruder würde sie in ihrer Geburtsstadt ein Mietshaus bauen und durfte auf ein rundum sonnigeres Leben hoffen.

Ungebeten drängte sich Wanda an der Haustüre hektisch zwischen Ellen und Christa und nötigte ihnen Aufmerksamkeit ab: Sie habe von der Polizei einen Brief bekommen, in dem stehe, daß Birgit und Matteo einen Brief bekommen hätten, in dem stehe, die beiden dürften sich ihr nicht mehr nähern. Ellen kehrte zu Birgit zurück – nicht der Botschaft wegen entsetzt, sondern des Grades der Verwirrtheit wegen. „Der Kopf ist völlig leer", berichtete sie.

Auch nach den Eindrücken ihrer Haushaltshilfe Christa hatte Wanda einen „total hohlen Kopf". Die alte Frau konnte kaum noch gehen, sie hatte extrem dicke Beine bekommen. Sie schien stark gefährdet, eine Thrombose zu erleiden. Wenn Wanda ein paar Schritte wagte – etwa aus Wims vor der Tür geparktem Wagen heraus ins Haus hinein –, zeigte sie überdeutlich ihre Angst vor einem Sturz. Wanda trippelte in äußerst kurzen Schrittchen, den Blick verkrampft nach unten gerichtet, gebeugt und unsicher.

Es war Wanda kaum noch möglich, die Rolläden des Hauses herauf- und herunterzulassen, sofern sie mit der Hand und nicht per Elektromotor zu bedienen waren. Wer nun Wanda und Wim verpflegte, war völlig ungewiß, das Auto wurde schon mehrere Tage nicht mehr gesehen. Matteo klebte abends einen transparenten Klebestreifen wie ein unsichtbares Siegel an Wandas Garagentor. Er wollte feststellen, ob das Tor noch geöffnet und das Auto noch benutzt würde.

Es wurde. Wim saß am Steuer, Wanda auf dem Beifahrersitz. So fuhren sie im Schneckentempo zu den Banken in Beiderbach und zum Einkauf vorgekochter Papptellergerichte zum Parken im absoluten Halteverbot. Das Auto bekam weiterhin zunehmend Kratzer, Schrammen und Beulen. Es hatte wohl einige Begegnungen der unangenehmen Art gegeben.

Zu Ärzten fuhren Wim und Wanda nicht. Wandas extreme Frontalhirndemenz, die Ursache ihrer grenzenlosen Aggressionen, hatte Hausarzt Dr. Frei aus ihrem Leben verbannt. Er wurde nicht nur nicht konsultiert, sie hatte ihn bei einem jüngsten Versuch des Hausbesuchs lautstark vor die Tür verwiesen: Sie sei selber Ärztin und wisse alles besser, stets die alte Lügen-Leier. Seitdem kam er wohl nicht mehr und die beiden Alten waren in ihrem Zustand alleine gelassen. Auch Uta, die Tochter aus Österreich, ließ sich nicht mehr blicken.

Um an das Schicksal der Eltern zu erinnern und erneut Hilfe anzumahnen, schrieben Birgit und Matteo einen Brandbrief an Dr. Frei, in Kopie ging er ans Amtsgericht und an die Kreisverwaltung. Darin hieß es nach der Anrede:

„Wir haben den Eindruck, daß unsere Eltern/Schwiegereltern Wim und Wanda Geiß im Haus xxx dringend ärztlicher Hilfe bedürfen; zumindest für Frau Geiß ist die Lage wohl lebensbedrohlich.
Da uns der Zugang zum Haus verwehrt ist, die allein bevollmächtigte Uta Berg sich nicht sehen läßt und der Linksunterzeichneten alle Vollmachten entzogen wurden, fordern wir Sie als Hausarzt der beiden alten und verwirrten Menschen hiermit erneut und unvermindert dringend auf, die Situation fachlich zu prüfen und dann die erforderlichen Schritte einzuleiten.
Wir erinnern an unsere Bemühungen im Herbst letzten Jahres. Alle von uns seinerzeit informierten und bemühten Stellen – auch Sie – haben uns in unseren Bemühungen sitzengelassen und sich letztlich nicht in der Lage gesehen, den Eltern/Schwiegereltern zu helfen.

Uns sind die Hände gebunden. Dieses Schreiben geht in Kopie an die Kreisverwaltung [...] und an das Beiderbacher Amtsgericht.
Diesen Adressen ging das Schreiben mit der Ergänzung zu:
"Wir geben Ihnen hiermit den Wortlaut des "Brandbriefes" zur Kenntnis, den wir heute Herrn Dr. Frei geschrieben haben. Wir bitten auch Sie, geeignete Maßnahmen zur Behebung der Notlage einzuleiten."

Es galt abzuwarten, was der Brandbrief bewirken würde.

Der Sozialdienst kam nun offenbar werktäglich. Er richtete Wim die täglich einzunehmenden Rationen Arzneimittel her. Birgit und Matteo sorgten sich darum, wer sich wohl samstags und sonntags um Wim kümmern würde – wenn die Sozialarbeiterin nicht kam. Samstags, so stellte sich bald heraus, kaufte Wim das warme Essen für den Sonntag gleich mit, um es dann daheim aufwärmen zu lassen. „Wenn der Fisch drei Tage in der Küche steht, dann stinkt er", berichtete Christa von Wim und Wandas Ritual, Essensreste zu verwerten.

Christa meldete Ellen auch, daß sie auf Wandas Geheiß die Schwester der Kirchlichen Sozialstation nicht mehr ins Haus lassen dürfe. Ellen alarmierte am nächsten Tag Birgit und Matteo, und es zeigte sich, daß Christa, eine Thailänderin, wohl etwas übertrieben hatte.

Ein Anruf bei der Station brachte Klarheit zum aktuellen Stand. Matteo erfuhr, Wanda sei „grenzwertig" in ihrem aggressiven Verhalten, und nur am Wochenende würde nun auf Wunsch Wandas niemand mehr dorthin fahren. Das sei vorher anders gewesen. Birgit und Matteo mußten es glauben. Wer samstags und sonntags nun Wim mit seinen Medikamenten versorgte, blieb ungeklärt.

Birgit erzählte am Telefon ganz kurz die Vorgeschichte des Gesamtdramas und berichtete auch, daß vor wenigen Tagen erneut „Brandbriefe" an den Hausarzt, an die Kreisverwaltung und das Amtsgericht herausgegangen seien. Jedenfalls war nun der Kontakt mit den einzigen Menschen „vom Fach", die regelmäßig zu Wim und Wanda ins Haus kamen, aufgenommen worden.

Christa, die Haushälterin, hätte am liebsten schon längst gekündigt. Aber sie hatte Mitleid mit den beiden Alten, die sie schlecht behandelten und schlecht bezahlten, schikanierten und verachteten. Derweil kam die schriftliche Antwort von Dr. Frei ins Haus: „Bitte haben Sie Verständnis, daß ich bezüglich des Gesundheitszustandes Ihrer Eltern der Schweigepflicht unterliege. Ich darf Ihnen aber versichern, daß ich im Rahmen meiner Möglichkeiten tätig bin."

Unter den von Wanda gesetzten und von allen Fachleuten akzeptierten Bedingungen würde der Rahmen eng sein.

Uta Berg war für wenige Stunden im Haus und mit Wanda auf der Bank. Dann war sie wieder weg. Ihr Sohn war ein paar Stunden länger bei seinen Großeltern, aber auch am gleichen Tage wieder fort. Am gesundheitlichen Verfall der beiden Alten nahmen sie keinen Anteil, sie hatten kein Interesse.

Nun traf endlich ein Antwortschreiben der Kreisverwaltung auf den jüngsten Brief von Birgit und Matteo ein. Unter dem Betreff „Durchführung des Landesgesetzes für psychisch kranke Personen (PsychKG)" hieß es nach der Anrede:
Vielen Dank für Ihr Schreiben, in dem Sie um Hilfe für die Eheleute Wim und Wanda Geiß bitten.
Im Rahmen des Unterbringungsgesetzes für psychisch kranke Personen haben wir keine Möglichkeit, den Eheleuten Geiß zu helfen, da die Voraussetzungen für Zwangsmaßnahmen nach diesem Gesetz nicht erfüllt sind. Ich habe Ihr Schreiben deshalb an das Gesundheitsamt Beiderbach weitergeleitet. Vielleicht kann den Eheleuten von dort geholfen werden."

Am Fuße des Briefes fand sich ein Hinweis auf die Datei, aus der der Wortlaut stammte: PsychKG/Allgemeines Schreiben PsychKG.doc.

Wenige Tage später, an einem Sonntagmittag, ging Matteo um 13.40 Uhr nach nebenan und klingelte bei Wim und Wanda, um die Probe aufs Exempel zu machen. Durfte er ins Haus oder nicht? Wanda öffnete auf das Klingeln hin nicht die Tür, sondern kippte das Fenster der Gästetoilette, die sich neben der Diele befand.

Matteo: „Hallo? Halloo! Ich wollte mal sehen, wie es euch geht!"
Wanda: „Was?" (Dieses „Was?" war ein rhetorischer Reflex, den sie seit vielen Jahren schon zeigte, sobald andere etwas gesagt hatten, ob zu ihr oder zu jemandem in ihrer Nähe.)
Matteo: „Ich wollte mal sehen, wie es euch geht."
Wanda fällt ihm ins Wort: „Nein, das wollen wir aber nicht sehen."
Das Fenster schloß sich, Matteo ging. Nebenan spielte er Birgit die Szene auf dem Handy vor, dessen Tonspur mitgelaufen war. Acht Sekunden Tonaufzeichnung, die einmal wichtig werden konnten, wenn jemand – aller Aktenlage zum Trotz – Birgit und ihm unterlassene Hilfeleistung vorwerfen wollte.

Nun war abzuwarten, ob sich das Beiderbacher Gesundheitsamt um eine Antwort mühte.

Nach einiger Zeit meldete sich stattdessen das Amtsgericht. Es schrieb:
„Richterlicher Anordnung gemäß wird Ihnen anliegendes Schreiben der Bevollmächtigten übersandt. Das Betreuungsgericht sieht keine Notwendigkeit, etwas zu veranlassen."

Das ans Amtsgericht gerichtete Schreiben der Bevollmächtigten namens Uta hatte diesen Wortlaut:
„Bezugnehmend auf unser Telefonat kann ich Ihnen bestätigen, daß es meinen Eltern, meinem Vater wie auch meiner Mutter, gutgeht.
Nach unserem Telefonat und auch bei meinem letzten Besuch in Beiderbach am [Anmerkung: Termin ein Monat zuvor] *konnte ich mich auch mit der Praxis Dr. Frei in Verbindung setzen und erhielt keinerlei Anhaltspunkte dafür, daß etwas nicht in Ordnung sein sollte.*
Der letzte, regelmäßig durchgeführte Hausbesuch von Dr. Frei war am [Anmerkung: eine Woche zuvor] *und brachte keine negativen Befunde.*
Ferner stehen meinen Eltern nach wie vor die halbtägige Haushaltshilfe, sowie bei Bedarf für Steuer- und Rechtsfragen, und für buchhalterische Belange die entsprechenden Fachpersonen zur Verfügung.
Falls noch weitere Fragen bestehen, teilen Sie mir dies bitte kurz mit. Im Voraus vielen Dank für Ihre Bemühungen."
Damit waren die, die man Behörden nennt, zumindest vorläufig wieder aus der Problemlage heraus, und Birgits Schwester hatte

sich, irrelevante Wahrheiten und grobe Unwahrheiten vermengend, sehr weit und unverantwortlich aus dem Fenster gelehnt. Den beiden Alten standen also ungeschützt weiterhin Stolpern und Sturz mit schlimmen Folgen für Leib und Leben, Verkehrsunfall, Übervorteilung und körperliche Verelendung bevor. Uta konnte das nur recht sein, sie wollte erben. Vielleicht hatte sie noch nicht alles Vermögen ihrer wirren Eltern nach Österreich verbracht. Und: Uta konnte zaubern, war überall zur gleichen Zeit: „Heute bin ich mit meinen Kindern in Beiderbach …", schrieb sie dem Gericht, doch den Briefbogen zierte beim Datum die eingetippte Ortsangabe ihres österreichischen Wohnortes.

Mit bösen Eltern erleben Sie ungewöhnliche und unglaubliche Dinge. Werden Sie ein Tagebuch darüber führen, um sich so Ihren Kummer von der Seele zu schreiben und zugleich für Ihre Nachkommen festzuhalten, worauf diese sich möglicherweise vorbereiten sollten?

ZAUN-KÖNIGIN AUS VERWIRRTHEIT:
Das Ende einer offenen Grenze

Einen Tag später traf der von Wanda oder Uta beauftragte Landschaftsgärtner die Vorbereitungen für den Bau eines Zaunes. Bislang war für einen Betrachter zwischen den Grundstücken von Birgits Eltern und ihrem eigenen Gelände keine Grenzlinie erkennbar gewesen. Birgits Gärtner hatten mehr als 25 Jahre lang stets ein drei Meter breites und rund 15 Meter langes Blumenbeet mitgepflegt, das optisch ein Teil von Birgits Garten war, rechtlich aber den elterlichen Nachbarn gehörte. Wim und Wanda konnten dieses Beet von ihrem Haus aus kaum einsehen und würden nun wahrscheinlich das Unkraut dort wuchern lassen. Wie hoch der Zaun werden würde, wußten Matteo und Birgit noch nicht. Für beide konnte er inzwischen nicht mehr hoch genug sein.

Dem Landschaftsgärtner namens Hannesboss war „die Sache" peinlich. War er doch auch und vor allem immer wieder für Birgit und Matteo tätig gewesen und würde es auch künftig sein. Den Zaun hatte er ursprünglich schon im Herbst des Vorjahres errichten sollen. Damals hatte er freilich Zeitmangel vorgetäuscht: Er hatte andere Arbeiten in Wandas Garten absichtlich so sehr in die Länge gezogen, daß für den Zaun „keine Zeit mehr" geblieben war.

Nun aber mußte es offensichtlich sein. Frau Hannesboss, mit Birgit freundschaftlich verbunden, hatte sie einige Tage zuvor informiert: „Es" werde nun bald losgehen. Den Sinn dieses Zaunes verstand niemand, der vernünftigen Geistes war. Gärtner Hannesboss versetzte mit seinen Gehilfen zunächst eine große Anzahl von dekorativen Büschen, die Birgit auf diesem Beet hatte pflanzen lassen. Sie rückten vom ursprünglichen Beet weiter auf Matteos und Birgits Haus zu, wobei auf deren Grund und Boden ein breiter Streifen Rasen entschwand. Auch eine Leuchte war zu versetzen. Das Ganze geschah in einer Art Nacht-und-Nebel-Aktion: Weder Matteo noch Birgit waren im Haus, als die Gärt nertruppe zu Werke ging. Erst am nächsten Morgen erkannten sie die als Grenzmarkierung gespannte rote Leine.

Demenz ist aber nicht nur tragisch, sie hat auch komische Elemente, tragisch-komische: Gärtner Hannesboss berichtete, Wanda habe ihm untersagt, bei den anstehenden Arbeiten eine Tür zu benutzen, durch die man von der Straße aus durch eine Mauer hindurch das bislang gemeinsam zugängliche Gelände betreten konnte. Diese Tür gehörte zum Garten von Birgit und Matteo und führte unmittelbar zur Grenzlinie! Nun also mußten der treue Gärtnersmann und seine Leute mit dem gesamten Material für den Zaunbau weite Wege gehen: vom vor der Gartentür gelegenen gemeinsamen Parkplatz die Straße entlang um Wandas Wohnhaus herum, durch die schmale Garage, um die ausladende Schwimmhalle einen Bogen schlagend. Wieder einmal hatte sich jemand Wandas Allmachtsphantasien nicht widersetzt.

Am nächsten Werktag klingelte die Gärtnertruppe dann zwei Stunden lang vergebens bei Wim und Wanda an der Haustür und per Telefon; ihnen wurde weder aufgemacht noch wurde für sie abgehoben. Die Frau des Landschaftsgärtners besprach sich deshalb mit Birgit, aber nahm das Angebot erneut nicht an, den kurzen Dienstweg durch das Gartentor zu benutzen. Die Frau berichtete entsetzt von der Fäkalsprache, mit der Wanda ihre Familie und jeden, der ihr in den Sinn kam, bedachte. Zuletzt habe Wanda ihr gegenüber zudem von der „ein Meter hohen Mauer" gesprochen, die zwischen den Grundstücken zu errichten sei. Birgit wagte im Gespräch mit der Gärtnersfrau die launige Ermahnung, man möge zusehen, daß sich Wanda später an ihren Auftrag für den Zaun erinnere und die Rechnung bezahle bzw. mit Utas Hilfe irgendwann bezahlen lasse.

Schließlich ging nach langem Sturmgeläut nebenan Wim ans Telefon, wohl das erste Mal seit mehr als zehn Jahren. Daraufhin fuhr er das verbliebene Auto aus der Garage und machte den Weg frei für Zementsäcke, Zaunpfähle, Gitterelemente und Werkzeuge.

Am gleichen Morgen gab es noch Kümmernisse mit einer anderen Baustelle. Birgit und Matteo war übers Wochenende aufgefallen, daß sie zu einer Eigentümerversammlung kein Protokoll vorliegen hatten. Dieses Treffen hatte im […] des vorangegangenen Jahres im Salzburger Land stattgefunden. Birgit war damals mit Matteo erstmals in der jährlich stattfindenden Runde erschienen – sehr zum Mißfallen von Uta und Wanda, wobei die letztere von diesem offensichtlich als Einmischung empfundenen Besuch nicht im geringsten betroffen sein konnte. Ging es doch um die Versammlung einer Eigentümergemeinschaft, zu der neben Birgit und ihrer Schwester Uta auch Birgits Tochter Franzi, die drei Kinder von Uta und Wim gehörten, Wanda aber nicht.

Der Alte hatte seinen beiden Töchtern und deren leiblichen Kindern vor etlichen Jahren in einem Moment der Güte einige der von ihm errichteten Wohnungen geschenkt, den Nießbrauch aber bei sich belassen. Nun aber war Uta Generalbevollmächtigte über Wims (und Wandas) Belange geworden. Im Überschwang der ihr offenbar vererbten Allmachtsphantasien hatte sie die Hausverwaltung angewiesen, ihr auch die für Franzi und Birgit bestimmte Post, also auch die Protokolle, zuzusenden. Nun sollten Telefonate und Mails mit der Hausverwaltung sicherstellen, daß Birgit und ihre Tochter wenigsten künftig zumindest in dieser Angelegenheit nicht länger für dumm verkauft wurden. Die Hausverwaltung parierte.

Birgit ging inzwischen davon aus, daß ihre Schwester auch die treibende Kraft hinter dem unsinnigen Zaunbau sei und ihrem Vater womöglich noch suggeriere, Birgit habe das so gewollt. Mehr als zwei Jahrzehnte war es her, daß Wim ein Stück Begrenzungsmauer hatte abreißen lassen, die es ursprünglich zwischen seinem Grundstück und dem noch unbebauten Nachbarfeld gegeben hatte. Als Birgit diesen leeren Acker mit ihrem Haus bebaute, sollte auch optisch nichts den Vater von der Tochter trennen. Apropos unsinnig: Der Zaun, so stellte sich heraus, bestand aus einem rund 80 Zentimeter grün ummantelten Drahtgeflecht, hübsch anzusehen, aber faktisch völlig wirkungslos. Jeder Einbrecher und auch Birgit und Matteo würden ihn leicht überwinden können, Wanda und Wim wegen ihrer Gebrechlichkeit aber nicht. Und das war gut so.

Die Frau des Gärtners hatte nach Ende der Bauarbeiten noch eine Schmonzette parat: Die Frage von Wim, ob nicht doch ein Törchen in den Zaun „intrigiert" werden solle – das sagte er gerne, wenn er „integriert" meinte –, wurde von Wanda nach einigem Hin und Her verneint. Birgit und Matteo beauftragten den Gartenexperten, das neue Beet auf ihrer Seite des Zauns um die Blumensträucher herum zunächst mit einer Folie gegen Unkrautwuchs und dann mit gutem Mulch zu bedecken, während Wanda auf ihrer Seite auf einer Abdeckung der alten Erde mit normaler Blumenerde bestand. Wandas Kommentar: „Warum sieht das denn bei denen jetzt viel schöner aus als bei mir?"

Sind Sie darauf vorbereitet, daß die Menschen in Ihrem Umfeld möglicherweise sehr kritisch und ablehnend reagieren, wenn Sie sich von Ihren altersverwirrten und böswilligen Eltern emotional distanzieren (während Sie zugleich ein besorgtes Auge auf sie werfen und immer bereit sind, im Notfall „trotz allem" helfend einzuspringen)?

ANGST UND AGGRESSION:
Zwei alte Menschen als Gefangene ihrer selbst

„Ich habe ein falsches Leben gelebt", das war der von Wim herausgebrachte Satz, der Birgit und Matteo besonders intensiv im Gedächtnis geblieben war. Wim hatte während seines Berufslebens mit Geschick und Schlawinertum ein ansehnliches Geschäft aufgebaut, die Verwaltung des wachsenden finanziellen Erfolgs aber zunehmend seiner Frau Wanda zur Erledigung überlassen. Wanda wiederum ließ sich als Schlawinerin nicht übertrumpfen und brachte den Großteil des Vermögens mit den Jahren unter ihre Regie. Nun war Wim von seiner zweifellos ebenso gierigen wie geizigen Ehefrau absolut abhängig. Er saß in der Falle, die er selbst gebastelt hatte.

Hatte er sich zunächst „nur" finanziell abhängig machen lassen, so wurde er mit zunehmender körperlicher und geistiger Schwäche auch physisch und psychisch das Hündchen an der Leine. Der, der immer alles hatte machen lassen, mußte nun alles mit sich machen lassen:

Wim war es, der für sich und Wanda so sehr die Rundum-Versorgung durch eine – im Zweifel polnische – Ganztagskraft gewünscht hatte. Er wollte umsorgt sein, es „gut" haben. Wanda verwehrte es ihm wirkungsvoll, von ein paar zerstrittenen Wochen abgesehen.

Wim hatte stets ein fürsorgliches Verhältnis zu seiner Tochter Birgit und einen kameradschaftlichen, schelmischen Umgang mit seinem Schwiegersohn Matteo gepflegt. Wanda und Birgits Schwester hatten aber so lange auf Wim eingewirkt, bis er sich eine eigene Meinung nicht mehr erlaubte. Die Kraft für ernsthaften Widerspruch war völlig erloschen.

Wim hätte gerne seine Tochter nebenan besucht. Das aber war ihm nicht gestattet. Wim fürchtete sich vor den Aggressionen seiner Frau. Zwar schrie er manchmal mit ihr, aber durchsetzen konnte er sich nicht.

Wim durfte seine Zwillingsschwester nicht alleine besuchen. Sich ein Taxi zu nehmen und einen Nachmittag bei seiner Schwester bei Kaffee, Kuchen und einem geschwisterlichen Schwätzchen zu genießen, daran war überhaupt nicht zu denken: Wim war vom verschlagenen Hündchen zum Angsthasen geworden.

Problemverschärfend kam hinzu, daß die beiden Alten dumm waren. Sie waren zwar lange Jahre in Geldangelegenheiten klug und gerissen aufgetreten, doch am wirklichen Leben oder gar an intellektuellen Diskursen hatten sie nie teilgenommen: Auch untereinander gab es allenfalls Krümel an Kommunikation. Die wenigen Freunde hatten sich längst zurückgezogen oder waren verstorben, die Nachbarschaft rundum, die nur aus „Idioten" bestand, hatte sich kopfschüttelnd abgewandt, die beruflichen Kontakte hatten sich natürlich erledigt. Alleine eine ehemalige Buchhalterin versuchte noch, so gut es mit unvollständigen und fragwürdigen Unterlagen überhaupt ging, für Wanda jährliche Nebenabrechnungen für vermietete Hallenkomplexe zu erstellen.

Nach dem Zusammenbruch der Nazi-Herrschaft hatten sich die beiden nicht mehr für Politik interessiert. Sie waren in keinem Verein, engagierten sich nicht sozial, sie nahmen am Leben außerhalb ihrer eigenen Parallelwelt nicht teil.

Altersforscher wissen, daß Hirnpartien, die nicht aktiv genutzt werden, rascher still liegen als solche, die beansprucht und somit trainiert werden. Jenseits des Geldhorizonts hatte es nie erkennbare Reflexionen über Fragen von Moral und Anstand, Ethik und Vernunft, Politik, Wirtschaft, Kultur, Sport oder gar soziale Themen gegeben. Das waren im Alltag überhaupt keine Themen im Gespräch. Was nicht mit dem eigenen Geld und den verachtenswerten Menschen um Wim und Wanda herum zu tun gehabt hatte, das wurde ausgeblendet. So war nicht einmal an eine ernstgemeinte Frage zu denken gewesen, etwa in die Richtung von „Wie geht's den Enkelkindern?" (oder gar „Was machen meine Urenkel?").

Dummheit und Angst fördern aggressives Verhalten. Kommt Demenz dazu, werden die Betroffenen mehr als zuvor zur Gefahr für sich selbst und für die, mit denen sie zu tun haben. Birgit und Matteo hatten bislang alles versucht, für die beiden Alten das schlimmste zu verhindern. Niemand hatte sie unterstützt. Distanz war für Tochter und Schwiegersohn die Lösung, um sich nicht selbst zu gefährden, über die ohnehin entstandenen Kümmernisse hinaus. Niemand wußte, wie lange die beiden Wirren so alleine gelassen noch leben konnten. Auch die andere Tochter, Uta, hielt sich fern, obwohl von ihren Eltern erheblich begünstigt. Ihr Mann Roman, Wim und Wandas zweiter Schwiegersohn, ließ sich erst gar nicht blicken. Er hatte wohl genug damit zu tun, daß er dank Utas Wirken schon seit Jahren mit seiner eigenen Mutter in heftigem Streite lag, auch des lieben und großen Geldes wegen.

Distanz sollte nicht zu Desinteresse führen. Sind Sie darauf vorbereitet, aller Widerstände zum Trotz im Falle absoluter Notwendigkeit rasch und wirkungsvoll alles zu veranlassen, was den Zustand der dementen und bösartigen Eltern verbessern und ihnen vielleicht sogar das Leben retten kann? Liegen die dann benötigten Adressen, Telefonnummern und andere Unterlagen bereit? Sind die Kontaktdaten stets aktuell und vollständig?

DIE BÖSE MUTTER GIFTET WEITER:
Aggressionen über den Zaun hinweg

Seit den stürmischen Wochen und Monaten war eine geraume Zeit vergangen. Wims und Wandas Haushaltshilfe suchte sich inzwischen eine neue Aufgabe „für möglichst bald". Wöchentlich heftiger mußte sie um ihren Lohn kämpfen. Wim fuhr wieder gelegentlich Auto, vorbei an kopfschüttelnden Passanten. Der Sozialdienst kam hin und wieder ins Haus. Nach Erhalt der Rechnung für den Zaun hatte Wanda die Frau des Landschaftsgärtners, dessen Leistungen und im gleichen Atemzug auch Birgit und Matteo wüst beschimpft und mit Fäkalinjurien bedacht. Sie ärgerte sich offensichtlich maßlos darüber, daß das Nachbargrundstück nun viel netter aussah als zuvor und ihr nun abgegrenztes Beet dank des von ihr gewünschten billigen Bodenmaterials voller Unkraut war.

Die Rechnung für den Zaun wurde erst bezahlt, nachdem die beauftragte Firma mit der Einschaltung eines Anwalts gedroht hatte. Zwischen Birgit und Matteo und den Eltern bzw. Schwiegereltern gab es weiterhin keinen Kontakt. Birgit und Matteo und deren Tochter hatten sich in die Distanz gerettet. Sie traten bald ihren dreiwöchigen Sommerurlaub an und fragten sich, ob Wanda wirklich ihre neueste Absicht umsetzen würde: Sie wollte angeblich Birgits und Matteos Hortensien nahe der gemeinsamen Grundstücksgrenze vergiften. Oder von Uta vergiften lassen, weil sie selbst nicht über ihren Zaun klettern konnte. Berichtet hatte von dem Plan Wandas ihre Haushaltshilfe Christa, die trotz aller Verbote telefonischen Kontakt zu ihrer Kollegin Ellen hielt. Wollte Wanda tatsächlich ihr Gift nicht mehr nur rhetorisch verspritzen? Birgit und Matteo schickten einen vorsorglich mahnenden Brief an die Anwältin, die Wanda und ihre Tochter Uta vertrat. Der Brief, unterschrieben von Matteo, wurde zuvor mit Matteos Anwalt abgestimmt; man wollte sich auch in diesem Fall nicht ins Unrecht setzen:

*Sehr geehrte Frau Rechtsanwältin,
wir geben Ihnen Nachricht von folgendem Sachverhalt:
Frau Christa [...], wohnhaft in Gerlendorf, ist Reinemachefrau von Frau Wanda Geiß und Herrn Wim Geiß, die das Grundstück neben unserem bewohnen.
Frau Christa [...] machte am [...] unserer Haushaltshilfe, Frau Ellen [...], wohnhaft in Derwisch, Mitteilung darüber, daß Frau Wanda Geiß ihr von der Absicht berichtet habe, Blumensträucher (Hortensien) auf unserem Grundstück vergiften zu lassen. Dies solle geschehen, wenn meine Frau und ich demnächst länger in Urlaub seien.
Die Sträucher stehen in gebührendem Abstand zur Grundstücksgrenze und stellen in keiner Weise ein Ärgernis dar. Weder mit mir noch mit meiner Frau hat Frau Geiß über diese Sträucher gesprochen. (Frau Geiß hat vor mehreren Wochen zwischen unseren Grundstücken einen Zaun errichten lassen; dabei wurden unsere Pflanzen von der bislang nicht markierten Grundstücksgrenze vom Landschaftsgärtner von der Grenze weg auf unser Grundstück zurückgesetzt.)
Frau Geiß habe berichtet – so Frau Christa [...] weiter –, daß sie die Tat nicht selber begehen werde, wohl, weil sie dazu körperlich nicht in der Lage sei. Sie werde aber ihre Tochter Uta Berg darum bitten, dies auszuführen.
Sie wissen um unsere Sorgen wegen des Geisteszustandes von Frau Geiß und wir sind ob der Nachricht natürlich erneut erschrocken. Ob nun Frau Geiß die Tat tatsächlich zu veranlassen wünscht – und ob Frau Berg diesem eventuellen Wunsch entsprechen würde – wissen wir nicht.
Sollte freilich bei unserer Rückkehr aus dem Urlaub eine solche Tat begangen worden sein, kündigen wir schon jetzt eine entsprechende Strafanzeige an. Vorsorglich werden wir nun zur eventuell erforderlichen Beweissicherung eine unser Grundstück bedienende Videoüberwachungsanlage installieren lassen; ebenso vorsorglich und eine Straftat vereitelnd könnte eine Ermahnung Ihrerseits an Frau Geiß und Frau Berg sein, von der uns kolportierten „Absicht" – so sie denn tatsächlich umgesetzt werden soll – abzusehen. Schon alleine die Äußerungen von Frau Geiß geben sicher auch Ihnen zu denken. Frau Christa [...] und Frau Ellen [...] können als Zeugen gehört werden.
Das Amtsgericht in Person von Frau Korp erhält eine Kopie dieses Briefes zur Kenntnisnahme.*

Derweil erregte Wim mit seinen abnehmenden Fahrkünsten öffentliches Aufsehen. Mit Wanda an seiner Seite steuerte er seinen Wagen in verbotener Richtung durch eine enge, sich durch die Altstadt windende Einbahnstraße. Warnende Zurufe unzähliger Passanten wurden ignoriert. Glücklicherweise kam ihnen kein Gegenverkehr vor den Kühler. Die Gasse wurde – in richtiger Richtung – auch von großen Bussen des öffentlichen Nahverkehrs frequentiert. Man konnte sich das Chaos ausmalen, wenn Wim einem dieser Buskolosse, die ohnehin kaum um die Kurven zu lenken waren, begegnet wäre.

Wanda stieg am Ende der Geisterfahrt aus und kommandierte ihren Mann zum Einparken vor einen Fahrradständer am Rande des zentralen Marktplatzes. Die Gäste des gegenüberliegenden Straßencafés hatten ihr Entertainment.

Birgit und Matteo fragen sich, wie die ganze Geschichte enden wird. Sicher nicht gut: „Sie können sich heute noch gar nicht vorstellen, wie schlimm das mit Ihrer Mutter noch werden wird", hatte Chefarzt Professor Dr. Bildhauer vor Monaten prophezeit. Wie wahr!

Wanda und Wim sind um die Jahreswende gestorben. Sie daheim, er im Krankenhaus. Ihr ursprüngliches „Berliner Testament" hatten sie wenige Wochen zuvor an Wims Bett im Pflegeheim geändert. Nun hatten die beiden verwirrten Alten sich gegenseitig, und ihre Tochter Birgit, enterbt, sich zugleich aber gegenseitig zum Testamentsvollstrecker ernannt. Uta war nun Alleinerbin. Der Notar hatte auf umfassende Testierfähigkeit erkannt.

Wenn Sie eigene Erfahrungen berichten und mit Betroffenen Gedanken austauschen wollen, so freuen sich die Autoren über Ihren Beitrag per Mail unter boesealtemutter@outlook.de und direkt im Blog unter boesealtemutter.wordpress.com

novum VERLAG FÜR NEUAUTOREN

Bewerten
Sie dieses Buch
auf unserer
Homepage!

www.novumverlag.com

Die Autoren

Birgit und Matteo Scheele sind ein Ehepaar in den besten Jahren. Sie haben zwei verheiratete Töchter und vier Enkel. Scheeles bewohnen ein schönes Einfamilienhaus in einer deutschen Kleinstadt, es geht ihnen in jeder Beziehung gut. Das Leben der Familie wäre perfekt, wenn Birgits Eltern nicht wären. Sie bewohnen ihr eigenes Haus nebenan und sind zunehmend geistig verwirrt. Zur Demenz wachsenden Grades kommt besonders bei Birgits Mutter eine sich fast täglich übertreffende Boshaftigkeit. Um anderen Betroffenen Beispiel und Anregungen zur Problemlösung zu geben – und um ihre eigene Betroffenheit zu verarbeiten –, haben Birgit und Matteo Scheele dieses Buch verfaßt. Daß sie dies unter dem genannten Pseudonym tun, wird jeder Leser des Buches im Laufe der Lektüre immer besser verstehen.

novum VERLAG FÜR NEUAUTOREN

Der Verlag

„Semper Reformandum", der unaufhörliche Zwang sich zu erneuern begleitet die novum publishing gmbh seit Gründung im Jahr 1997. Der Name steht für etwas Einzigartiges, bisher noch nie da Gewesenes.
Im abwechslungsreichen Verlagsprogramm finden sich Bücher, die alle Mitarbeiter des Verlages sowie den Verleger persönlich begeistern, ein breites Spektrum der aktuellen Literaturszene abbilden und in den Ländern Deutschland, Österreich und der Schweiz publiziert werden.
Dabei konzentriert sich der mehrfach prämierte Verlag speziell auf die Gruppe der Erstautoren und gilt als Entdecker und Förderer literarischer Neulinge.

Neue Manuskripte sind jederzeit herzlich willkommen!

novum publishing gmbh
Rathausgasse 73 · A-7311 Neckenmarkt
Tel: +43 2610 431 11 · Fax: +43 2610 431 11 28
Internet: office@novumverlag.com · www.novumverlag.com